中国の「見えない侵略」！

サイバースパイが日本を破壊する

経済安全保障で企業・国民を守れ

経済ジャーナリスト
井上久男
Hisao Inoue

ビジネス社

まえがき

米中対立という「地政学的リスク」が産業界に大きく影響を与える時代に突入した。これにより、安全保障と経済活動を並行して考慮する「経済安全保障」の視点が重要になっている。

米国製の設計ソフトや半導体製造装置を使って生産している半導体の輸出は認めない——。米政府が2020年9月、中国の通信大手、ファーウェイ向けの輸出停止を命じ、日本企業も対象となり、一時的にソニーやキオクシア（旧東芝メモリ）からの出荷が止まった。

また、コロナ禍によってテレワークが増大し、パソコン向けの需要が増えたことなどによって半導体の争奪戦が起こっているため、調達難からホンダは21年3月に北米5工場で1週間ほどの稼働停止に追い込まれた。

4月12日には過去最多となる中国軍機25機が台湾の防空識別圏に侵入、同日以外にも侵入行為が続いており、中台間の緊張関係が一気に高まっている。「産業のコメ」と呼ばれる半導体の生産委託は台湾企業に集中しているため、有事となればサプライチェーンへの影響は必至だ。

　こうした中、４月16日午後（米国時間）、菅義偉首相と米国のジョー・バイデン大統領が就任後初めて対面で首脳会談を行った。

〈台湾海峡の平和と安定の重要性を強調するとともに、（中台）両岸問題の平和的解決を促す〉。日米首脳会談の共同声明の中に52年ぶりに台湾問題が盛り込まれた。

　それほど中国と台湾は緊張関係にあるということだ。３月には米インド太平洋軍のデービッドソン司令官が上院公聴会で「６年以内に中国が台湾に侵攻する可能性がある」と語っている。この台湾問題を契機に米中間の対立はもっと深刻化するかもしれない。すでに米中間は火を噴く戦争ではなく、激しい「経済戦争」に突入しているとの認識の下、本書を執筆した。

　ファーウェイの製品をサプライチェーンから締め出すだけではなく、中国製のＩＴ機器やサービスの米国内での使用について政府の許可制にする方向で動いている。この制度が実現すれば中国も報復措置を取るだろう。

　米国が中国をこれほど警戒するのは、中国は本物の軍事力の増強だけではなく、経済的なツールを「武器」として使うからだ。デジタル技術を使ったサイバー攻撃で仮想敵国の防衛技術を盗み取り、戦う前に丸裸にしてしまうのだ。「戦わずして勝つ」孫子の兵法は現代にも脈々と続くのである。

この中国の戦略によって三菱電機は、尖閣諸島などの島々を防衛するために日本が開発中のミサイル「高速滑空弾」の情報を、人民解放軍が背後にいると見られるハッカー集団に奪われてしまった。2章「サイバー産業スパイの脅威」ではそうした実態を克明に記した。

順番が前後してしまうが、冒頭の1章ではデジタル時代のリスク管理の在り方について、中国資本から出資を受けた楽天、サーバーを中国から覗かれるリスクを放置していたLINEの「事件」の本質を浮き彫りにした。

3章ではスパイに対峙するインテリジェンス機関の世界的な動きとともに、日本の公安調査庁が民間企業とのコミュニケーションを強化する狙いについて述べた。公安調査庁長官の単独インタビュー付きである。

4章では、オーストラリアが中国マネーで「汚染」され、政治家までもが売国奴に転落した結果、米軍が立ち寄り、地政学的に要衝であるダーウィン港に99年の租借権を設定した中国が他国で領土を奪う手法を紹介。ニュージーランドでは人民解放軍のスパイ機関出身者が国会議員に選出されたことにも触れ、中国の「目に見えない侵略」の実態や中国による国連人事支配、頭脳を奪う「千人計画」についても触れた。

5章、6章は、経済と安全保障が密接にかかわる時代になって、内閣官房国家安全保障局内に新設された経済班の役割を考えると同時に、政権与党が打ち出した初の経済安全保障政策の狙いと中身を解説。政治家、官僚、民間がダイナミックな発想で絡み合ってできた政策立案のプロセスに迫った。

7章は、「米中経済戦争」の時代を受け、企業が持つべき視点、たとえばグローバル化の中で純粋に投資の効率性だけを求めた時代は終わり、デカップリング（分離）という非効率さに投資しなければリスクが膨らんでしまうことを説いた。

本書の全体を通じての一貫したテーマは「経済安全保障」である。これは、ネット空間、医療、金融、貿易、投資、経済援助、企業活動などのあらゆる日常的な行動の中で「軍事領域」が拡大していることに対応することである。

こうした行動は、主に経済ツールを活用して地政学的な国益を追求することから「Economic Statecraf（ES）」、米国では「War by other means（別の手段による戦争）」と呼ばれることもある。

中国共産党の概念では、もはや軍も民も区別はない。「軍民融合」「非軍事領域における軍事活動」によって使えるものはすべて「武器」にするという発想である。

日米首脳会談の共同声明文の中には、こんな表現がある。一部抜粋する。

〈日米両国はまた、より緊密な防衛協力の基礎的な要素である、両国間のサイバーセキュリティ及び情報保全強化並びに両国の技術的優位を守ることの重要性を強調した〉

〈経済的なもの及び他の方法による威圧の行使を含む、ルールに基づく国際秩序に合致しない中国の行動に懸念を共有した〉

中国によるESや「非軍事領域における軍事活動」について日米が危機感を共有し合って対処するというメッセージが含まれている、と筆者は見る。

首脳会談が開かれる直前、米国のケリー元国務長官が中国を訪れた。元長官の現在の役職は、気候変動問題担当の大統領特使。この担当が米国家安全保障会議（NSC）内に置かれていることは日本ではほとんど認識がない。

米国は気候変動を安全保障の問題と捉えている。その理由は、地球温暖化により海面が上昇することや、多発する台風などの災害によって、一部の米軍基地が水没しかねないことを恐れているそうだ。首脳会談では「脱炭素」も大きなテーマになったが、日本は米国の意図を同盟国として理解し、環境問題に関して新たな「ルール作り」で協力し合う発想が求められるだろう。

不安定な時代に入ったとでもいうべきか、米中という二大強国の対立によってあらゆる事象が安全保障とつながる時代になった。日本は他人事ではない。最大の同盟国である米国と、地理的にも近くて巨大な市場の魅力に引き寄せられる中国との激しい対立局面では板挟みになるのは必定だ。

些細なことでも安全保障と絡むリスクと考えるようにしなければ、両国から押しつぶされてしまいかねない。さらに日本は、人権問題などで価値観を共有できない中国に対しては主要先進7カ国「G7」からも毅然とした態度が一層求められるだろう。

米中の緊張関係が抜き差しならない状態になっていることを念頭に置きながら読んでいただければ幸いである。

2021年4月18日

井上久男

サイバースパイが日本を破壊する　目次

2章 サイバー産業スパイの脅威

3章 中国が仕掛ける武器を使わない戦争

4章 FBIのスパイ摘発と公安調査庁の変身

5章 自民党の危機感と本気度

6章　経済安全保障のプロたちの活躍

7章　企業が取るべき道と覚悟

1章

楽天・LINE事件と経済安全保障

驚かされた楽天に対するテンセントの出資

日米同盟の信頼関係に亀裂が入りかねない事態が起こっている。ことの発端は、中国の大手ＩＴ企業で人民解放軍との強い関係が囁かれるテンセントの子会社が、日本発のプラットフォーマーでＥＣ（電子商取引）大手の楽天グループに出資したことに始まる。

２０２１年3月12日、楽天グループは、日本郵政などを引受先とする第三者割当増資による資本増強策を発表した。３月31日には振り込みが完了し、楽天は２４２３億円の資金を得た。

増資に応じたのは、日本郵政（約１５００億円）、米流通大手ウォルマート（約１６６億円）などに加え、テンセントの子会社（約６５７億円）だった。テンセントの出資比率は約３・７％になる。

楽天に対するテンセント出資のニュースを聞いて、筆者は正直驚いた。なぜなら昨年6月から全面適用が開始された外国企業からの投資に対する事前審査が厳しくなった改正外国為替及び外国貿易法（外為法）に抵触しないのだろうか、と思ったからだ。

改正外為法のポイントをかいつまんで説明すると、日本企業が外国企業から出資を受ける場合の事前審査について、改正前は出資比率が10％以上だったのが改正後は1％以上に変更された。重点審査の対象になるコア業種は、防衛、サイバーセキュリティ関連、電力、ガス、通信、鉄道など518社あり、その中に楽天も含まれているのだ。

ただ、海外の出資者が役員を派遣しない場合や、事業の譲渡・廃止を株主提案しない場合などに限って事前審査は免れることができる。外国の機関投資家が「純投資」目的で日本企業の株を保有する場合などは事前審査免除のケースに入るだろう。

免除規定があるのは、海外からの投資すべてに厳しい規制をかけていれば、日本に投資を呼び込めなくなるからだ。

そもそも外為法が改正されたのは、ずばり中国対策だった。米国では対米外国投資委員会（CFIUS）の権限が強化され、外資による米国内への投資が規制強化されている。この背景には、通信・電力・金融などの生活インフラにかかわる企業や不動産関連の会社が、米国に次ぐ世界2位の経済大国となった「中国マネー」によって買収されれば、安全保障の問題にかかわるからだ。たとえば、気が付いたら軍事基地周辺の土地を中国企業が出資する不動産会社に買われていた、といった事態は避けなければならないだろう。

ＥＵでも同様の規制が強化されており、先進７カ国（Ｇ７＝米国、フランス、英国、ドイツ、イタリア、カナダ、日本）から投資規制を強化するように求められたため、日本は今回の外為法の改正に至ったと言われている。

テンセントは、モバイル向けメッセンジャーアプリ「ＷｅＣｈａｔ」のサービスが有名で、いわば中国の「ＬＩＮＥ」の存在だ。10億人以上の利用者がいるとされ、筆者には中国人なら誰でも使っている感がある。コミュニケーション機能だけではなく、アリババの「アリペイ」のように決済機能も付いている。

真偽のほどはともかく、こうしたツールを使って中国共産党に対する好意的な発信をしていれば、個人の与信枠が広がるといった話を中国出張の際に聞いたことがある。中国人にとってテンセントは重要な社会インフラを提供している企業なのだ。

「戦略的提携」が消費者にもたらす不安

同時にテンセントは投資や買収戦略を強化しており、20年には国内外の１６８社に対して前年比37％増の１１００億元（約１兆８６００億円）を投資したとの報道もある。

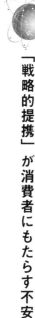

楽天のニュースリリースには、親会社テンセントホールディングス社長の劉熾平氏がコメントを寄せている。一部抜粋して紹介する。

〈グローバルイノベーションリーダーへの進化に向けて投資を通じてサポートできることを嬉しく思います。我々は、デジタルエンターテインメント、Ｅコマースなどの事業を通じて戦略的提携を追求し、ユーザーへの価値創造とインターネットのエコシステムを共に創るためのパートナーシップを築くことを楽しみにしています〉

この「戦略的提携」という文言からは、楽天とテンセントはかなり踏み込んだ形で協力関係を構築していくのではないかと見られる。楽天グループ傘下には、楽天モバイル、楽天証券、楽天カード、楽天トラベル、楽天生命保険など様々な事業があり、法人や消費者の豊富なデータを持つ。

筆者も楽天トラベルや楽天カードを使っている。一消費者の立場から見て、中国と手を組んで個人情報はしっかり守られるのだろうかと一抹の不安を覚えた。

「データ資本主義」の時代に突入したと言われる。ヒト・モノ・カネに加えて、いかにデータを多く集めて使いこなすかで企業の優勝劣敗が決まるようになった。そうしたことを考えれば、楽天がグループ全体で保有するデータの価値は高い。

出資比率が3％を超えたこともカギとなる。テンセント側には「帳簿閲覧権」が生じるからだ。これは楽天の会計帳簿やそれに関係する資料を見る権利で、売掛金・買掛金の元帳や、契約書や領収書などが含まれる。テンセントがやる気になれば、楽天の取引関係を丸裸にできるのだ。

さらに改正外為法の観点からも、この出資が、単に「純投資」と言えるのかとの疑問がある。案の定、楽天は3月25日、外為法などに基づく手続き関係のため、当初予定していたテンセント子会社からの振り込み日が、3月29日からずれる可能性があると発表した。経済安全保障上、政府から「待った」がかかったのだ。楽天側は政府・与党への説明に追われていたようだが、結局、出資は31日に完了した。

米国政府の楽天への憤り

楽天が増資を発表した3月12日から4日後の16日、創業者で会長兼社長を務める三木谷浩史氏が、来日した米国のブリンケン国務長官とオンラインで会談した。ブリンケン氏とオースティン国防長官は同15日～17日にかけてバイデン政権の閣僚として初来日していた。

その主な目的は、一層厳しさを増す地域の安全保障環境について日本側と意見交換し、日米同盟の強化に向けた今後の協力などについて話し合うためだった。

ブリンケン氏とのオンライン面談には、三木谷氏のほか、日本商工会議所の三村明夫会頭、電気自動車（EV）や家電向けモーター大手、日本電産の永守重信会長らが参加し、環境・エネルギー問題やデジタル社会について意見交換したようだ。

三木谷氏が面談のメンバーに選ばれたのは、米国側の指名だったという情報もある。その理由は、テンセントからの資本受け入れの問題とは関係なく、むしろ米国側の楽天に対する期待の表れだった。

楽天は携帯電話事業への新規参入に当たり、19年、通信ネットワーク技術に強い米国のアルティオスター・ネットワークスに出資し、楽天モバイルの山田善久社長が取締役に就任した。アルティオスターは、クラウド技術を使った「ネットワーク仮想化」に強いため、設備投資を押さえながらネットワーク網を拡大させるノウハウを持っていた。

ＮＴＴドコモやａｕ、ソフトバンクを効率よく追い上げたい新規参入の楽天にとっては、喉から手が出るほど欲しい技術だった。米国の対米外国投資委員会（ＣＦＩＵＳ）が審査をし、楽天の出資を認めた。通信業界の関係者の間では、出資者が中国のアリババやファーウェイと近いソフトバンクだったら、審査は通らなかっただろうと言われている。

このほかにも楽天は、インテルやクアルコムといった米国企業と積極的に提携しており、米国側の信頼も厚かった。ところが米国の予想を反して楽天が、よりにもよってブリンケン氏の来日直前に中国のテンセントと提携を発表したことに、米国側は怒り心頭だったとされる。

米国としては裏切られた感があったのだろう。最初から疑っていた企業に裏切られるならまだしも、信頼、期待していた企業に裏切られれば怒りは倍増するものだ。本来であれば三木谷氏はブリンケン氏との面談をキャンセルされてもおかしくなかったが、そこは米国側が大人の対応をしたことで表立った「摩擦」を回避できたようだ。

ただ、ブリンケン氏は会談後、周辺関係者に「楽天はノーチャイニーズだったのではないか」と言って不機嫌だったという情報も漏れ伝わってくる。今後、楽天のアルティオスターに対する出資がＣＦＩＵＳで再審査され、米国は出資引き揚げを命じる可能性があるかもしれない。

実際、ＣＦＩＵＳが日本企業のＭ＆Ａ（買収・合併）にストップをかけたケースがある。18年、住宅設備や建築資材大手のリクシルグループがイタリアの建材子会社、ペルマステイリーザ社を中国企業に売却する予定だったが、CFIUSが承認しなかった。

このイタリアの会社の売上高のうち4割程度を米国事業が占め、アップル本社の建物向けなど、米国の著名なビルへ外壁材の納入実績があるという。CFIUSが承認しなかったのは、この会社が米軍保有の建物の外装の仕事を受注しており、基地情報を持っていたからだと見られている。

本気で怒らせたら怖い大国

米国を本気で怒らせたら怖い。楽天の他の米国関連の事業に対しても風当たりが強まる可能性がある。「今後、三木谷さんの携帯はすべて米国側に盗聴されるだろう」と見る関係者がいるほどだ。

少し古い話になるが、1990年代の日米自動車摩擦で橋本龍太郎通産相とカンター米通商代表部（USTR）代表が交渉でしのぎを削っていたころ、米国による制裁回避のための策を通産省と相談していたトヨタ自動車首脳宅の電話は、すべて米国側に盗聴されていたと見られている。

米国の自動車産業を脅かす存在として常にトヨタは米国から目を付けられていた。10年には、急加速するとされた品質問題に絡んで、ラフード米運輸長官（当時）が「トヨタ車には乗らないように」と発言し、物議をかもした。政府高官が特定企業を名指しで攻撃するのは珍しい。その一年後には手のひらを返したようにラフード氏は「娘にトヨタ車を勧めた」と語った。

その頃は米国を代表する自動車メーカー、ゼネラル・モーターズ（GM）が09年に倒産後、一時国有化されて再生の途上にあった時期だ。そうした局面で「トヨタが米国市場でさらにシェアを伸ばされては困る」との米政権の思惑があって、「官製品質問題」に発展したのではないかと見る向きもあった。

また、トヨタ製の四輪駆動車を反政府武装勢力の「タリバン」などが利用していると、米国の機関投資家から「どのようなルートで流れたのか回答して欲しい」と投資圧力をバックに問い合わせが来ることもあったという。単にトヨタ車の性能がよくて壊れないから「タリバン」も使っているのだろうが、米国は国益が損なわれる可能性があると判断すれば、同盟国の企業であろうが隙をついて徹底的に叩いてくるのだ。

メンツや国力を重視し、そのためなら諜報活動も厭わない点で、実は米国、中国の二大強国は似ている。経済力と軍事力を背景に世界への影響力を維持、高めたいとする思考回路が似ているのかもしれない。米中新冷戦は実は「似た者同士」の争いという一面がある。

3月31日には米半導体製造装置メーカーのアプライドマテリアルズが旧日立製作所系の日本の同業社を買収しようとした際に、中国の独占禁止法対応の当局が承認しなかった。この中国の動きは、CFIUSが対米投資の規制強化を進めていることへの意趣返しではないかとの見方がある。やられたら確実にやり返すことでも両国は似ている。

もちろん中国は政権交代がない共産党一党独裁の国であり、米国は民主主義の国であるという点は大きく違う。日本が価値観を共有でき、いざとなったら頼れるのは米国しかない。だから日米同盟は重要であり、常に日本は米国からどう見られているのかを留意しておく必要があるのだ。これを中国流に解釈すれば「日本は米国の属国」ということになる。そんなものは言わせておけばいい。

「世界の市場は1つ」と考える時代は終わった

楽天の三木谷氏はMBA（経営学修士）の米ハーバード・ビジネススクールを修了して

おり、補佐役の百野研太郎副社長はトヨタ出身であることから、国益を重視する米国事情には通じているはずなのに、なぜ、米国が怒るようなことをしたのかが筆者には解せない。

今回の楽天の増資については、得た資金のほとんどが携帯電話事業への設備投資に回される。現在、楽天の携帯電話事業の資金繰りは厳しいため、増資はそれへの対応の色彩が強い。だったら、賛否両論はあることを承知の上で、国営企業の日本郵政に全額助けてもらえば、安全保障の問題には触れないはずだ。

そもそも楽天の携帯電話の事業が厳しいのは、政府が大衆受けを狙って新規参入などを推進して料金値下げを目論んだものの、ドコモ、ａｕ、ソフトバンクも一斉値下げしたことで楽天の優位性がなくなったことに主要因がある。このため、新規参入「一番槍」となった楽天を国が支援せざるを得ず、同省監督下にある日本郵政が「打ち出の小槌」として使われたのではないか。そうだとすれば、筆者は今回の楽天の増資に関する問題は、政府にも遠因があると考える。

20年ほど前、筆者は三木谷氏にインタビューしたことがある。その時、「これからはサッカー型の経営の時代です」と言った言葉が今でも鮮明に記憶に残っている。この意味は、野球の試合で打者は一球ごとに監督の指示を仰ぐが、サッカーは監督が決めた戦略の下で個々人が判断して自立的にプレーするということだ。

グローバル化の時代を迎えて外国の企業と競争したり、提携したりすることが増えるだろうと思っていたので、三木谷氏が目指す経営スタイルだと現場での意思決定が早くなるので、時代の流れに合致していると感じた。

だから楽天のような会社がグローバルにビジネスを展開していくことを否定するつもりはない。しかし、時代は変わった。東西冷戦後に30年近く続いた「世界の市場は1つ」と考える時代は終わったのだ。

米中経済戦争の局面に突入し、中国事業は他のビジネスと切り離して考える「デカップリング（分離）」といった言葉がビジネスの世界で飛び交うようになった。これは、自社の中国拠点で大量に生産した部品を世界の拠点に送ることや、中国と米国向け商品を同時に開発することなどをやらないことを意味する。

サプライチェーンを含めて各地域でビジネスを完結させる、これまでとは違う形のグローバル化の進化が求められているのだ。「ポストグローバル化時代のグローバル戦略」が必要になったのかもしれない。しかし、日本の経営者はこうした動きにまだ敏感ではない。経済と安全保障が密接に関係する時代に突入したことに対する認識が乏しいからだ。

た。

甘すぎたＬＩＮＥの個人情報管理

そうしたことを痛感させることが、「楽天事件」と同じ頃に起こってしまった。ブリンケン国務長官が日本から韓国に移動した3月17日付の朝日新聞朝刊が大スクープを飛ばした。

その内容は、無料通信アプリ「ＬＩＮＥ」が中国の会社にシステム開発を委託し、中国人エンジニアが日本にあるサーバーにアクセスし、個人情報に触れることができる状況にあることを報じたのだ。ＬＩＮＥに不適切な書き込みがあると、中国人エンジニアが日本のサーバーにアクセスして監視していたという。

中国では２０１７年に施行された「国家情報法」によって、当局が命じた場合は国民や企業が情報収集の義務を負うことになった。誰もが安全保障に関して責任を持つ発想から生まれた法律であり、言い方を変えれば、当局の命令によって誰もが「スパイ」にならなければならなくなったのである。

3月23日にＬＩＮＥが問題発覚後初めて開いた記者会見で、出沢剛社長は「潮目の変化を見落としていた」と述べ、国家情報法に対する認識の甘さを認めた。

ＬＩＮＥは今や国内で約８６００万人のユーザーがいて、メッセージのやり取りだけではなく、行政の手続きもでき、音楽配信や決済機能まで持つ生活を支える重要なインフラと言える。新型コロナ対策のワクチン接種も、ＬＩＮＥを使って予約する仕組みを入れることが検討されていたほどだ。

この問題を受けて加藤勝信官房長官は政府内でのＬＩＮＥ利用に関するガイドラインを策定する方針を打ち出した。

問題は中国から重要な個人データを閲覧できる状況にあったことだけではない。報道によると、ＬＩＮＥの「トーク」でやり取りしたデータのうち、写真や映像は韓国内のサーバーで保管していたという。しかし、ＬＩＮＥは利用者にデータが韓国で保管されていることを明確に謳っていなかった。

日本の個人情報保護法では、海外の委託先企業などに個人情報を提供する場合は委託元が本人同意を取ることが求められている。こうした点からみて、ＬＩＮＥの行動は法に抵触する可能性がある。

ＬＩＮＥは元々、韓国のＩＴ大手「ネイバー」の子会社だった。しかしＬＩＮＥと、ヤフーを傘下に抱えるZホールディングスが21年3月1日に経営統合したことで、資本構成が変わった。株式交換を用いた統合の構図は複雑で、日本のソフトバンクとネイバーが折半出資するAホールディングスの傘下にZホールディングスが置かれ、さらにその下にLINEとヤフーが組み込まれたという形だ。

それでもLINEに対するネイバーの出資比率は32・9％ある。そもそも、日本人が多く使うプラットフォームなのに、外資に3分の1近い資本を握られていて大丈夫なのかと筆者は感じる。

しかし、ZホールディングスやLINEは、楽天とは違って改正外為法の重点審査の対象外であるうえ、その活動に縛りをかけられる「業法」がない。これは今後の大きな課題と言えるだろう。

重要情報は韓国に握られている？

さらに筆者が疑問に思うのは、経営統合の前に行う財務状況やコンプライアンスなどに関して重要事項を確認し合うデューデリジェンスで、データの管理体制を確認しなかったのかという点だ。これに関してはZホールディングスの内情に詳しい関係者が「LINE側が『サーバーは国内にある』と言って嘘をついて隠していた」と明かす。

さらにこう指摘する。

「かつて国会での質問で『LINEは安全か』といった質問が出て、問題なし、となったが、それが国会議員を利用した印象操作の可能性だったことも否定できない」

LINE関連ではまだ疑惑がある。たとえば決済機能の「LINEペイ」は日本にスタッフがほとんどおらず、オペレーションは韓国でしているほか、ビジネス用のアプリ「LINEワークス」は、LINEブランドを使いながら運営会社はLINEとは全く関係ないネイバーの子会社であるワークスモバイルジャパンが運営しており、技術者は韓国人が多い。前出の関係者は言う。

「有名大企業の中にも『LINEワークス』を利用しているところがあるが、重要情報は韓国に握られていると思った方がいい」

安全保障に詳しい研究者の中には、「中国や北朝鮮に対する安全保障上、韓国は日本の本当の味方なのか怪しい。韓国が北朝鮮との統合を望むのは、統合により核保有国になることを狙っているからではないか」と指摘する声もあるほどだ。そうした国に重要情報が漏れる可能性があることに、日本の政府や国民はもっとナーバスになるべきだ。

筆者はＬＩＮＥが韓国系企業の運営によるサービスであることを知っていたので、意識的に全く使わない。「いまどきＬＩＮＥも使っていないの」とバカにされたこともあるが、その選択は間違っていなかったと思っている。

こうした問題を受けて3月19日、国会では山田宏参議院議員が「国産アプリが経済安全保障上絶対に必要ではないか」と質問した。これに対して梶山弘志経済産業大臣は「国民生活の中で経済安全保障をしっかり考えなければならない。その中の一つだ」と答えた。

現代版孫子の兵法で攻める中国

このＬＩＮＥや前述した楽天に関する「事件」で実害が出たとはまだ聞かない。だからと言って済まされる類の話ではない。あるいは、実害に気づいていないだけかもしれない。こうした経済と安全保障に関する問題は、リスクが顕在化してからの対応では遅すぎる。リスクを早めに予見し、それを防備する姿勢と努力が重要だ。すべて覗かれ、盗まれた後での対応では遅いのだ。

中国が掲げる、人民解放軍と民間企業が一体となって技術を開発し、イノベーションを推進する「軍民融合」の時代には、特に早期の予見が大切になる。人民解放軍が船や飛行機で攻めたり、海警局の船が日本の領土である尖閣諸島に対して威嚇的な行為をしたりすることよりも、今の中国は「戦わずして勝つ」戦略を非常に重視しているからだ。

その戦略が「軍民融合」なのである。バックに軍事組織がいる企業や大学が民間交流を装ったり、遠隔からのサイバー攻撃で不正侵入したりして、機微な技術や情報を巧妙に盗み出すことなどが、その象徴的な行動だ。開戦の火ぶたが切って落とされた時には、すでに相手の動きを丸裸にし、反撃行動を弱体化させる事前工作を強化しているのだ。

中国は公然と「非軍事領域における軍事活動」を強化している。孫子の兵法に「百戦百勝は善の善なる者に非ざるなり。戦わずして人の兵を屈する者は善の善なる者なり」とある。これが現代にも伝わる有名な「戦わずして勝つ」兵法だが、孫子の時代から2000年以上経った今、中国が展開する「非軍事領域における軍事活動」とはまさに「現代版孫子の兵法」に他ならない。

仮想敵国や地政学的に重要な国の経済活動の首根っこを押さえることは、「戦わずして勝つ」ための重要戦略だ。経済を「武器」として用いるということでもある。

たとえば、最近、中国が台湾からパイナップルの輸入を止めたが、これは明らかに主要産品を狙い撃ちして台湾の農業に打撃を与える意図があると見られる。親中だったオーストラリアが反中に転じるとワインの輸入を止めたことも、同様の狙いがあると言われている。

コロナ禍の前に日本の観光産業は中国依存度が高まっていたが、日中関係が悪化した際に中国政府が意図的に日本へ行く旅行者を絞れば、宿泊施設や飲食店など観光産業は経営的に大きな打撃を被るだろう。一国依存はリスクが高い。経済の中国依存度が高まることは、いざとなればそれが「武器」として使われることを意味する。

「債務の罠」という言葉をご存じだろうか。最初はいい顔をして発展途上国に資金を貸し付け、それが返せなくなると、急に強面となって港湾などを取り上げることだ。

スリランカは債務を盾に中国から港湾を奪われてしまった。スリランカはインド洋に浮かぶ小国ながら、中国のインドへのけん制、インド洋への進出を考慮すれば、地政学的には要衝だ。こうした国や地下資源などが豊かな発展途上国は、「債務の罠」のターゲットにされやすい。

経済を「武器」として利用されないための対応策を

また、社会のインフラ企業を支配すれば、国民生活を麻痺させることが簡単にできる。自国の兵士の血を流さなくても、相手国に精神的かつ物理的なダメージを与えられる。ミサイル一発撃ち込むよりもコスト的には安いかもしれない。

たとえば、金融決済が止まっただけで、倒産する企業が出るだろう。電力供給が止まれば病院での手術ができなくなるかもしれない。

よく中国の通信機器には「バックドア」というソフトウエアが仕掛けられていると言われた。これを通信機器やコンピューターに仕掛けておけば、いざという時に情報を盗み取ったり、機械（兵器）を動かせないようにしたりすることだってできる。

楽天やＬＩＮＥはもはや生活に不可欠なインフラ企業となっている。こうした会社の機器類に「バックドア」が仕込まれて、それが作動すれば、いとも簡単にサービスを停止させたり、決済処理を意図的に狂わせたりして多額の金額を銀行口座から不正に移動させ、社会を大混乱に陥らせることも可能だ。

誤解のないように断っておくが、テンセントやネイバーがこうしたことをすると言っているわけではない。楽天はテンセントから出資を受けたことで、同社に付け込まれる「隙」を見せたことになり、LINEも中国や韓国から付け込まれる余地があるということだ。楽天やLINEはこうしたリスクを想定し、その対策を十分に施したうえで今後の企業活動をしなければならない、と筆者は言いたいのだ。

企業はサプライチェーンの見直し、米中ビジネスのデカップリング（分離）などに留意し、政府は外国からの投資、特に価値観を異にする国からの投資を厳しく監視する時代に入った。これは、経済を「武器」として利用されないための対応策であり、最近よく使われるようになった「経済安全保障」という概念だ。

日本は憲法の制約や世論の現状から見て、実際に火を噴く戦争での先制攻撃はできず、攻撃を受けてからの反撃や防御となる。しかし、この経済安全保障では、やる気になれば、「攻め」や「仕掛け」ができる。

官民が協力してのインテリジェンス機能の強化や、仮想敵国の産業競争力を強くさせない国際ルール形成などだ。WHO（世界保健機関）など国連の専門機関のトップ人事にも積極的に関与し、自国や同盟国の国益に適うように国際世論を導くことも「攻め」と言えるだろう。さらには人権を抑圧する国の指導者やその家族まで周辺関係者をターゲットにしたピンポイントの経済制裁、たとえば金融資産の凍結やビザ発給の停止などが効果的にできるような法制度を整えるべきだろう。

価値観を共有する国や地域と連携し、人権を侵害した労働力を使って作った原材料をサプライチェーンから締め出したり、重要な部品や素材、機械の輸出を止めたりして経済的な打撃を与える戦略も、手の内に準備しておく必要がある。

繰り返しになるが、東西冷戦終結後に「世界の市場は1つ」と見立てて、効率性を追求するだけのグローバル戦略を企業が構築していく時代は終わったのだ。率直に言って、今の局面は経済より安全保障の方が優先する。

だからと言って鎖国的な政策を展開すればいいという話でもない。周知の事実として、日本はエネルギーや食糧は海外に依存しているのだから、グローバル社会の一員として生きていかなければ国民生活は困窮する。政官財は「ポストグローバル化時代のグローバル戦略」を巧みに構築していく時代に入ったということだ。

次章以降はこうした視点で、日本が直面する経済安全保障の問題について、具体的な事例を豊富に掲げながら展開していく。

2章

サイバー産業スパイの脅威

三菱電機を襲った「なりすまし型」サイバー攻撃

三菱電機は2021年3月26日、前年11月16日に検知したサイバー攻撃に関する「不正アクセスによる情報流出」についての調査結果を発表した。

中国にある子会社への不正アクセスを契機として、社内でクラウドサービスの管理を任されている社員らのアカウントを盗んでの不正侵入であり、その手口が非常に巧妙かつ悪質であるため、サイバー攻撃に詳しい研究者の中からは驚きの声が出ている。

社内調査によると、三菱電機が使用しているクラウドシステムに何者かが不正侵入し、同社が管理する国内取引先8635口座の取引先名称、住所、電話番号、金融機関名、口座番号、口座名義などの情報や、子会社でサイバーセキュリティ事業などを手掛ける三菱電機インフォメーションネットワークの同じく国内取引先151の口座情報や個人情報などが盗まれた。

サイバーセキュリティのサービスを提供する会社の情報までもがいとも簡単に盗み取られるわけだから、「河童の川流れ」とはまさにこのことだろう。

三菱電機はこう説明している。

「マルウエアによる侵害やソフトウエアの脆弱性を突いた攻撃ではなかったため、正常な利用を含む多くのログの中から不正アクセスを探索する必要があり、全容の調査に4カ月余りを要しました」

この説明を補足すると、情報システムやその防備の脆弱性を突いて侵入してくるサイバー攻撃は、攻撃自体を認知しやすいが、今回の三菱電機のパターンは「なりすまし型」と言われ、社員のＩＤやパスワードなどを盗み取って侵入し、「正常」なアクセスのように見せかけるため、どれが不正アクセスかを認知するのに時間がかかったということだ。

このサイバー攻撃については、中国・上海にある三菱電機の子会社で自動車部品を造る拠点から侵入され、社員のアカウントを盗んで不正アクセスして情報を盗んだと見られている。

三菱電機が使用していたクラウドサービスは米マイクロソフト製で、非常にセキュリティ対策が厳しいもので、それに加えて三菱電機もＩＤとパスワード以外の独自認証を入れる二段階認証で対応していたが、いとも簡単に破られたわけだ。

テレワーク推進、普及の隙をつかれたか

朝日新聞は三菱電機が調査結果を発表した2日後の3月28日、デジタル版で「中国の影、たどり着いた雑居ビル　三菱電機サイバー攻撃」と題する興味深い記事を載せている。須藤龍也編集委員による署名記事だ。事件の本質の一部に迫るような記事だと筆者は感じる。

筆者は朝日新聞のＯＢだが、彼とは面識がない。ただ、聞くところによると、１９９４年に技術職で朝日新聞に入社し、新聞制作や選挙報道のシステム開発と運営に携わった後、99年に記者に転じたキャリアで、足で稼ぐ取材を得意としているようだ。サイバーセキュリティを専門領域とし、その業界では名が響き渡っている記者だ。

記事では、三菱電機に対して不正アクセスしたサーバーがある場所とそのサーバー設置を手伝った企業を昨年11月23日までに特定し、経営者に直当たりしている。サーバーを設置したのは２０１８年で、依頼者は中国・福建省に所在することを名乗る企業で、お金も支払われたそうだ。

経営者は三菱電機へのサイバー攻撃に利用されたことは知らなかったという。そして、

アカウントを盗まれたのはクラウドサービスの管理を任されていた2人の社員であったことが指摘されている。道理で「なりすまし」で侵入できたわけだ。

コロナ禍でテレワークが増えたため、運用を変更し、それまでは社内からしかアクセスできなかったのを社外からもできるようにしたため、セキュリティを少し緩めた隙を突かれた可能性があるという。

日本を代表するＩＴ企業でサイバーセキュリティ担当をしたことがある技術者が明かす。

「今から5年前に当時在籍していた企業がサイバー攻撃を受けた際、徹底的に調査したら埼玉県内のアパートにサーバーが置かれていることが分かった。そこは中国人が所有するアパートで、実態はレンタルオフィスとして使われていた。所有者はサイバー攻撃に関与していなかったが、不正アクセスするハッカーは、攻撃元がすぐに特定されないように間に複数のサーバーを介在させることがある」

テレワークを推進、普及させている企業は増加しており、三菱電機の事件は他人事ではあるまい。

盗まれた防衛省の「注意情報」

実は三菱電機がサイバー攻撃を受けたのは今回が初めてではない。19年3月18日に同じく中国の拠点が破られたことを契機に重要情報が漏洩していた。

その時に盗まれたものは、防衛省が指定した「注意情報」や、新卒や中途の採用応募者の個人情報、三菱電機社員4566人分と退職者1569人分の個人情報などであることを同社が社内調査の結果として公表している。

しかし、防衛省の「注意情報」については詳細を開示していないが、同省が開発中の離島防衛のための「高速滑空弾」に関する技術情報だったと言われている。

高速で落下することで敵側からの迎撃回避が可能なミサイル技術で、自衛隊が尖閣諸島有事などに備えて開発中の秘密兵器だ。26年度をめどに配備予定という。

三菱電機は防衛省から紙で貸し出された情報を、わざわざデジタル化して自社のパソコン内に保存したために盗まれてしまった。「貸与された紙のまま専用の部屋に保管すべきだった」と同社は説明している。管理の甘さを指摘されても仕方ないだろう。

20年6月1日、同社の杉山武史社長が報酬の一部を自主返納した。こうした問題の責任を取ったと見られる。

三菱電機は日本を代表する防衛関連企業の1社で、人工衛星やレーダーシステムに強いために狙われやすい側面はある。

中国人民解放軍の指揮下にあるハッカー集団

20年8月28日、防衛省は戦闘機などを探知する国産の警戒管制レーダー4基をフィリピンに輸出すると発表した。これはレーダー装置を生産する三菱電機とフィリピン国防省との契約となる。

日本政府は14年、武器輸出を事実上禁止した武器輸出三原則を見直して「防衛装備移転三原則」を新たに策定した。生産量が落ちて国内の防衛生産基盤が弱くなっているのを回復させるために防衛装備品の輸出を認めるようにしたのだ。国産の完成装備品の輸出は、このフィリピン向け警戒管制レーダーが、新原則が策定されて以来初めてとなった。

フィリピンは南シナ海にある南沙諸島の領有権を巡って中国と争っている。日本は安倍晋三前首相が最初に打ち出した「自由で開かれたインド太平洋」のビジョンの下、中国がこうした地域のシーレーンを支配しようとする動きを警戒している。フィリピンへの警戒管制レーダーの輸出は中国への監視強化を手伝う狙いもあると見られ、日本の国益に沿う形だ。

一方、中国の立場から見れば、関係が良好とはいえないフィリピンに輸出される日本のレーダーシステムの情報は欲しいはずだ。冒頭で紹介した「なりすまし型」のサイバー攻撃が検知されたのは、フィリピンとの契約が終わった2カ月余り後のことだ。これは単なる偶然なのだろうか。

現代の戦争において防空システムなどのハッキングは勝敗を大きく左右する要因の一つだ。古くは07年9月にイスラエルがシリアを空爆した際、情報技術に長けたイスラエル軍が空爆前にシリアの防空システムをハッキングし、機能を停止させた。14年2月のロシアによるウクライナ侵攻でも、ロシア軍がウクライナ軍の通信網を遮断したことが、制圧の決め手になったという。

三菱電機へのサイバー攻撃について防衛省ＯＢは高速滑空弾以外の技術が盗まれた可能性があることを疑う。

「三菱電機は、海上自衛隊の護衛艦用レーダーシステムを造っているほか、米国の軍需企業と共同でイージス艦用のレーダーも開発中だ。ハッカーはその技術も狙っていたと見て間違いないだろう」

ハイテク兵器が多用される近代戦では、ソフトウエアや通信機能を撹乱・破壊されれば、その時点で敗れてしまうと言っても過言ではない。今回の三菱電機へのハッキングによって、日本の防衛の要が丸裸にされてしまった恐れがあるのだ。

三菱電機に対する1回目のサイバー攻撃を行ったのは、いずれも中国人民解放軍の指揮下にあるハッカー集団「Ｔｉｃｋ（ティック）」と「ＢｌａｃｋＴｅｃｈ（ブラックテック）」だと、専門家の間では目されている。攻撃の技術的な特徴などから「容疑者」を割り出すことができるという。

サイバー攻撃に詳しいある日本人研究者は、「ティックとブラックテックの両集団には、中国を代表するＩＴ企業のファーウェイからの出向者がいて、協力しているとの情報がある。構成メンバーも重なっているようだ」と説明する。

ウイルス対応ソフト首位のトレンドマイクロ

この1回目の三菱電機に対するサイバー攻撃の経緯を振り返ってみる。同社が不正アクセスに気づいたのは、19年6月28日。情報技術総合研究所（鎌倉市）にあるサーバーで不審なファイルを見つけたことがきっかけだった。全社で132台のパソコンがウイルスに感染して重要情報が漏洩していたという。

しかし、三菱電機はこの問題を隠蔽した。前述した朝日新聞編集委員の須藤氏が20年1月20日付の朝刊でスクープしたことで発覚した。同社は不正アクセスに気づいた直後の19年7月から公共施設やオフィスビル向けのサイバー攻撃対策を支援する新サービスを始める予定で、その直前に起こったトラブルであるため、セキュリティサービスを売る会社が、サイバー攻撃を受けて重要情報を取られたとは、とても言い出せなかったのではないか。

社内調査の結果、問題の発端が19年3月18日だったことが分かった。同社が不正アクセスに気づいたのが6月28日なので、3カ月以上も気づくことなく「侵略」されていたことになる。

不正アクセスは3月18日に三菱電機の中国の拠点から始まり、その拠点を通じて4月3日には国内の複数の拠点に侵入されていた。不正アクセス後に同社が契約しているトレンドマイクロ（本社・東京都）製造のセキュリティ対策ソフト「ウイルスバスター　コーポレートエディション」の未知の脆弱性を悪用して攻撃を広げた。

筆者は当初、このトレンドマイクロに疑惑の目を向けた。日本に本社を置き、東証に上場する企業でありながら実態がよく把握できない会社だと業界では言われていたからだ。同社は1988年に米ロサンゼルスで創業した直後に台北に本社を設立。89年から日本でビジネスを開始し、96年に本社を日本に移転した。エバ・チェン社長は台湾出身だ。日本では多くのユーザーが存在し、業績も好調。20年12月期決算で売上高が前年同期比5・4％増の1740億円、営業利益が4・7％増の394億円。東京証券取引所一部に上場しており、ウイルス対策ソフトで国内首位だ。特に公的機関への食い込みがうまく、官公庁向けのシェアは50％近い。

同社は日本政府のサイバーセキュリティ対策の司令塔である内閣サイバーセキュリティセンター（NISC）と18年12月、連携と協力での基本合意書を締結している。同センターの山内智生副センター長が、同社主催のイベントで講演する姿を大きくホームページで公開していた。ある専門家は「NISCとトレンドマイクロは非常に近い関係にある」と見る。

同社の中国にあった子会社は、15年に中国系クラウド・セキュリティ企業「亞信科技」に売却。トレンドマイクロによると、現在は中国市場向けの製品製造、サービスは行っていないが、サイバー犯罪の調査を中心にした業務は残しているという。

中国では17年6月に「国家情報法」が施行され、中国国籍を持つ人や中国企業に対して、諜報活動の依頼ができるようになったため、中国法人に対して日本企業への不正侵入を依頼することも中国では合法となった。台湾系企業には中国と非常に近い会社も多い。

中国ビジネスから撤退したことについてトレンドマイクロ広報はこう説明した。

「世界に拠点があり、製品によって開発の場所が異なる。中国国内で販売する製品のソースコードを中国政府に開示する必要があるとの情報があったため、15年に中国で販売していた製品と、それ以外を分離した。当社は現在、中国では製品を製造、販売していない。製品の開発情報を第三者に渡すことはない」

「ウイルスバスター」の未知の脆弱性

同社のホームページ上では個別の製品がどこで開発されているかは開示されていないが、日本市場向けの製品開発拠点は台湾とカナダにあるようだ。ただ不思議なのは、同社はウイルスバスターでは国内トップでありながら、米国など世界市場での存在感があまりないとの見方が専門家の中にはある。それればかりか、米マイクロソフトは20年5月、トレンドマイクロ製品のドライバを指す「tmcomm.sys」を、安全性が確認されていない「ブロックリスト」に入れた。

専門家がこう説明する。「マイクロソフトは不正侵入をチェックする仕組みを自社製品の中に織り込んでいるが、トレンドマイクロ製のドライバ（パソコンの周辺機器などを制御するためのプログラム）を、安全性が確認されていないとしてプログラムの実行を遮断する『ブロックリスト』に入れたのではないか」

こうした指摘についてトレンドマイクロの大三川彰彦副社長は筆者の取材にこう説明した。

「『ウイルスバスターシリーズ』という商品名は日本だけで用いており、アメリカでは『エイペックスワン』などのブランドで販売している。世界シェアが1位の製品もある。セキュリティ製品の品質では業界のリーダーと評価している調査機関もある。

主要製品の開発拠点は米国、カナダ、台湾が中心だが、台湾の事業継続上のリスクがあると考えて、アイルランドや米ダラスなどに日本人技術者を置いている。有事を想定して台湾の開発機能の一部を日本に移すことも検討している。

マイクロソフトの件は、当社のドライバがマイクロソフトの新しい製品に対応できなかったため、顧客に迷惑をかけないようにこちらから依頼して『ブロックリスト』に入れてもらった」。

三菱電機が1回目のサイバー攻撃を受けて、「高速滑空弾」の情報が盗まれたのは、ハッカーが侵入した後に法人向け「ウイルスバスター」の未知の脆弱性を悪用したことも理由の一つだ。

トレンドマイクロが脆弱性を把握したのが3月13日で、対応が完了したのは4月4日。22日間の空白があり、しかも対応が完了する前日の4月3日に三菱の国内拠点に侵入されている。トレンドマイクロ広報によると、対応に22日間要したことは第三者機関が求めている基準内に収まっているという。

しかし、率直に言って、トレンドマイクロが中国側と結託している可能性は否定できないと筆者は疑っていた。筆者以外にもそう見ている専門家がいた。

疑念を払拭するような対応策

こうした指摘について、大三川氏は「16年に米国のHP（ヒューレット・パッカード）の子会社を買収した際には、CFIUS（対米外国投資委員会）の審査も通過している」と語った。ただ、トレンドマイクロは「社会に対する説明など発信力が弱かったことは反省している」（大三川副社長）として、21年1月、「サイバーセキュリティ・イノベーション研究所」を設立した。

この組織での主な活動は次の3つが中心になる。まずは、同社の製品・サービスの安全性について、サプライチェーン全体の視点から評価していくことだ。米国や台湾、カナダで開発され、国内販売されている製品は改めて日本で品質と安全性を再チェックする。加えて、経済安全保障を意識して「NIST SP800-171」という米国防総省が推奨するセキュリティ対策などを導入していく。

この「NIST SP800-171」は、米商務省傘下の国立標準技術研究所が定めた情報システムのセキュリティの技術規格で、サイバー攻撃を防御するための推奨技術などを掲げ、具体的な対応を展開する手順も決めている。米国防総省と取引がある軍需企業などは導入が義務付けられているほか、軍需企業以外にも導入を勧めている。日本でも防衛省が装備品を納入する企業への導入を急いでいる。

続いて、法人を狙った高度なサイバー攻撃に関して情報発信し、対策支援を行う「スレットインテリジェンス」の強化だ。国家が背後にいるサイバー攻撃者などを意識し、日本の企業の防衛対策に貢献していくことをはっきりと打ち出した。

最後は企業のセキュリティ担当者やサイバー犯罪の捜査関係者への教育的支援を推進していくことだ。具体的には高度なサイバー攻撃の実例をトレーニング用のコンテンツに反映させ、セキュリティ担当者らがリアルな技術演習をできるように支援していく。

筆者の疑念を払拭するような対応策をトレンドマイクロが導入した背景には、ある人物のアドバイスがあると見られる。その人物とは20年2月にトレンドマイクロ顧問に就任した中谷昇氏だ。

氏は警察庁の元キャリア官僚で、神奈川県警外事課長や警察庁国際組織犯罪対策官などを歴任。中谷氏は国際刑事警察機構（ICPO＝インターポール）に2度も出向経験があり、そこでは経済ハイテク犯罪対策課長や、シンガポールに新設されたサイバー犯罪対策拠点の初代総局長も務めた。国際サイバー犯罪捜査のプロである。

中国も欧州も、ロシア、北朝鮮も仕掛けている！

今後、企業がこうしたサイバー犯罪の専門家と連携していくことは非常に重要となるだろう。サイバー攻撃に苦しめられているのは三菱電機だけではない。

20年1月31日には、誘導制御システムなどを手掛けるNECが被害を報告したほか、続いて防衛省も同年2月6日、潜水艦の水中発射管を製造する神戸製鋼所と、航空測量大手で自衛隊基地の測量と衛星画像の納入を担当しているパスコがサイバー攻撃を受けていたと発表した。三菱電機を含め、大手防衛関連企業4社が、集中的に狙われていたことが分かる。

中国の習近平国家主席は「軍民融合」をスローガンに掲げ、16年には軍需企業と一般金融機関などの協業を支援する300億元（約5000億円）規模の「軍民融合産業発展基金」を設立した、とされる。非軍事企業を通して得た技術や情報を軍事へと転用する戦略を強化している。

こうした現状から想定して、中国がサイバー攻撃を仕掛けてきていることは容易に想像できる。

防衛産業ではないものの、ホンダも20年6月8日、海外からのサイバー攻撃を受けて社内システムがダウン、世界中の拠点で生産が止まった。ホンダのケースは「エカンズ」と呼ばれる欧州のハッカー集団による攻撃ではないかと見る向きもある。

日産自動車も生産拠点に対して度々サイバー攻撃を受けたという。同社元役員は「電気自動車（EV）『リーフ』のコネクティッドシステムが執拗に狙われたことがある」と語る。EVはスマートフォンと同様に充電の頻度や利用の仕方によって電池の摩耗具合が変わる。このため、「リーフ」では利用者の使い方の情報を収集して次の開発に活用するために、無線技術を使って個々のクルマから様々な情報を吸い上げている。

「リーフ」に限らず、EVの時代になると無線技術を使って、最新のソフトウエアをダウンロードし、クルマのハードは古くなってもソフトウエアは最新に維持できるようになる。

スマホがOSをアップデイトすれば、フェイスブックやツイッターなどの新しい機能が使えるようになるのと同じイメージだ。この技術を「FOTA（Firmware update over the air＝ファームウエア・アップデイト・オーバー・ディ・エアー）」と呼ぶ。

EVの戦車や装甲車が出れば応用できる技術だろう。クルマのコネクティッドの技術はいとも簡単に軍事に転用できる。

サイバー攻撃を仕掛けてくるのは中国だけではない。ロシアや北朝鮮も、だ。サイバー攻撃は、その特徴やハッカー同士間のネットワーク情報などにより、およその攻撃者が特定できる場合がある。これは暴力団員が発砲事件などを起こした際に、手口や反社会的勢力内の情報収集から警察が容疑者を割り出していくのと少し似ている。

専門家によると、こうした特定のための手法を逆手にとって、北朝鮮の手口を真似して韓国がサイバー攻撃を仕掛けてきているのではないかと見られるケースもあるというから驚く。

業界トップ企業・セブン-イレブンの杜撰な管理

企業がサイバー攻撃を受けて重要情報を盗み取られると、その企業は世間からは被害者と見られる。企業側も「被害者面」して記者会見することがある。筆者が強調したいのは、サイバー攻撃を行ったハッカーが一番悪いのは当たり前だとしても、企業は「他責」にできない時代が来ているという点だ。すなわち企業側にも効果的かつ合理的に防御の義務がある、ということだ。

サイバー攻撃によって企業の業績が落ちれば株価にも影響する。今後、投資家は企業がどのようなサイバーセキュリティ対策を講じているかを重点的にチェックし始める時代が来るだろう。対策不足を過失責任ととらえられ、役員に対しては「善管注意義務違反」を問う批判が出るかもしれない。世の中でこれほどサイバー攻撃が増えれば、攻撃を受けることは仕方ないが、どう防御するか、あるいはハッカーに破られた後にどう対応するかといった姿勢も問われる。

すでに米国ではサイバー攻撃による情報漏洩で多額の制裁金を払うケースが出ている。

米消費者信用情報大手のエクイファクスは19年7月、1億4000万人分の個人情報が漏洩した問題に関して7億ドル（約760億円）の制裁金を支払うと発表した。当時、全米史上最悪の情報漏洩問題と言われた。

運転免許証やクレジットカードなどの情報が盗み取られたことについて、エクイファクスは、人為的なミスやセキュリティ対策の不備があったことを認めたうえで、米消費者金融保護局などに制裁金を払うことで合意したのだ。制裁金の一部が消費者への補償に充てられた。ハッカーに侵入された後、6日間不正アクセスに気づかなかったことが技術的な怠慢と米国ではとらえられた。

制裁金に加えてエクイファクスは12億ドル（約1308億円）を投資してデータ保護のために技術強化することを迫られた。セキュリティ対策の優劣は、企業の評判の良し悪しや業績に直結する。この問題から得られる教訓は、企業においてセキュリティ対策は単に情報部門に任せるものではなく、日頃から社長が積極的に関与する経営判断マターとして扱われるべき事案である、ということだ。

しかし、まだ日本企業のセキュリティ意識は低いと言わざるを得ない。そうした課題を浮き彫りにしたのが、19年7月3日に発表されたコンビニ最大手セブン-イレブンのスマートフォン決済「セブンペイ」への不正アクセス事件だった。

不正アクセスにより、一部利用者のアカウントが奪われ、身に覚えのない買い物をしたケースが出た。「セブンペイ」は同年7月1日からサービスを開始したばかりで、そこからわずか3日で不正アクセスが発覚した。

この事件を受けて、セブン-イレブンの親会社であるセブン&アイ・ホールディングス(HD)は同年8月1日、サービスを9月末で終了させると発表した。7月末時点での被害者は808人、被害総額は約3860万円とされた。

福岡県警は「セブンペイ」に不正アクセスした中国籍の2人の男性を詐欺などの疑いで逮捕した。2人は19年7月2日、共謀して埼玉県戸田市のセブン-イレブンで「セブンペイ」に不正ログインして電子タバコのカートリッジなどを購入した容疑だ。被害者が福岡県警に相談したことで発覚したという。

セブン&アイHDは、成長戦略と位置付けていたデジタル・金融戦略の柱の一つ、「セブンペイ」をサービス開始からわずか3カ月で終了させることになり、経営的に大誤算だろう。加えて、この事件についてはセブン側の経営陣が「二段階認証」を知らなかったことが物笑いの種となった。経済産業省は「業界トップ企業が杜撰な管理で、キャッシュレス化推進の流れに水を差した」とかんかんに怒った。

サイバー犯罪に詳しい専門家は別の視点でこう指摘した。「セブン側が公表した被害者数、被害額自体が信用できない。なぜなら今のセブンの管理体制では『電子証拠』としての信用性が全くないからだ」。実際、不正アクセスは少なくとも数千万回試みられ、ログインに成功した件数は、808件を上回っていたという。

簡単に「偽造」できる日本企業の情報システム

実はこの指摘は、グローバルな潮流から取り残される日本企業の情報システム戦略の大きな課題を突いている。

まず「電子証拠」とは、メールのやり取りや、情報システムへのアクセスのログ（履歴）などだ。一般的に情報システムへのアクセス制限はどの企業も導入しており、IT管理者など承認されている者しかアクセスできない。

ただ、こうした管理手法では、正規の手続きでアクセスした者がコマンドを入力してデータを書き換えることが可能になる。言ってしまえば、企業側の都合で簡単に証拠を書き換えられてしまうということだ。

このため、米国では社内システムのログ、すなわち誰がいつアクセスしてどのような作業をしたのかといった情報は、そのまま定期的かつ自動的に第三者の監査法人や法律事務所などに送信される仕組みとなっている。こうした仕組みにより、社内のIT管理者の恣意的な運用を避けるようにしているのだ。これは「アクセス権の分離」と呼ばれ、米国では2010年頃からこうした運用が行われるようになったという。

その理由は、特許申請に関する紛争などでデジタルデータの偽造が頻繁に見受けられるようになったからだ。たとえば、どちらの企業が先に特許を申請したかを争うような場合、特許に関するデータの作成日を捏造するケースが見られたという。

こうした事態を受けて、米連邦民事規則によって、「EDRM（Electronic Discovery Reference Model＝電子情報開示参照モデル）」が定められ、証拠能力がある電子データの保全方法が定められた。EDRMに則って保管していないデータは裁判で証拠としては認められない。その重要なポイントの一つが「アクセス権の分離」なのだ。

セブン-イレブンの情報システムでは、「アクセス権の分離」がなされていないため、やろうと思えば、ログを社内のIT管理者が勝手に書き換え、被害者数や被害額をごまかすことができるのである。

ある有名コンサルティング会社では、こんな「悪だくみ」が模索されていたという。関係者が明かす。「トップマネジメントの悪さから多くの社員が転職し始め、その転職先が特定の競合他社に集中したため、一罰百戒を狙って、最初に転職した幹部が部下らを引き抜いたことを示す偽メールを作成したり、社内情報に不正アクセスした偽ログを作成したりして民事訴訟の証拠にしようとしている動きがある」

そんな馬鹿な、と思う人もいるだろうが、こうした「偽造」がいとも簡単にできるのが日本企業の情報システムなのだ。

終身雇用が崩れ、能力と意欲があれば、より高いステージ向かっての転職が自由になった時代に、旧雇用主が社内システムを偽造して、転職者に対して嫌がらせ裁判を起こすことも可能になる。

たとえば、特別なノウハウを持っている技術者が独立して起業した場合、古巣が営業機密を持ち出したとして不正競争防止法を盾に訴えてくるケースがある。その際に古巣が、転職していた技術者が退社前に重要情報にアクセスしてダウンロードしたログを偽造して証拠として裁判所に提出することだってあるかもしれないのだ。

また、企業がリストラしたい人材を追い出そうと思ったら、その人物が不正アクセスしたログを偽造し、懲戒処分にすることだって可能になる。映画やドラマの世界ではないが、陥れたい人物、不都合な人物を冤罪の痴漢の容疑者に仕立てるような話が、「電子証拠」の偽造によって、いとも簡単に行われる状況にあると言えるだろう。

LGBT向け人材紹介企業の買収を止めた米国

「アクセス権の分離」が重要になるのは、「電子証拠」の捏造を避けるためだけではない。サイバー攻撃の被害にあった場合に、どこまでが企業の責任かを明確にするためにも、ログの適正な管理が求められている。

企業がサイバー攻撃を受けて個人情報が漏洩するなどの被害を受けた場合、損害賠償をしなければならない。米国では、サイバー攻撃を受けて破られることを前提に、破られた際にその対応方法と「責任追跡性」を明確にする流れが加速している。

たとえば、前述のトレンドマイクロのところで紹介したサイバーセキュリティの技術規格「NIST SP800-171」では、破られた際の対応を示し、企業側の過失責任を問う場合の根拠なども定められているそうだ。NATO（北大西洋条約機構）で米軍とつながりのある欧州でもこうした考え方が強まっている。

日本もやっと、防衛省が防衛関連企業に対して「NIST SP800-171」に準拠した規格の導入を求める。この動きは防衛産業だけではなく、他産業にも波及するのは確実だ。

米国でビジネスを展開する日本企業は多いので、同等のセキュリティ対策を米国政府が求めてくるのは当然の流れだ。しかし、まだ日本企業の中には「NIST」の存在すら知らない企業も多い。

「セブンペイ」の話に戻ると、事件発覚当時、「この問題は下手をすると日米間の安全保障の問題に発展した可能性もある」と見る向きもあった。米国は、軍人の個人情報を「CUI（controlled unclassified information）」と位置付けているからだ。CUIとは、10年に大統領令によって定義されたもので、その対象範囲は広く、極秘情報とは見えなくてもCUIに指定されれば、「NIST SP800-171」に準拠したシステムで守ることが義務付けられている。

これは、一見重要情報ではなくても、それらを集めて集合体の情報と見れば極秘情報になり得るケースを想定しているからだ。汎用品でも防衛装備品の部品に使われている情報などがこうしたCUIの範疇に入るのかもしれない。

米国は軍人、官僚の個人情報の管理にナーバスだ。その与信情報や家族構成が漏れれば、スパイに付け込まれる隙を与えるからだ。

「セキュリティクリアランス（SC＝適格審査）」という日本ではまだ聞きなれない言葉があるが、これは、親族まで含めた借金の情況、酒癖、異性関係などまでチェックされたうえで与える、国家機密を扱うことができる資格だ。このSCには等級があり、その等級に応じて扱うことができる機密のグレードが変わってくる。

米国ではLGBT（性的マイノリティ）向けの婚活アプリ会社「グラインダー」に中国企業が出資したが、トランプ大統領の時代にその保有株式を売却させた。なぜなら政府要人や官僚にはLGBTが一定数いるため、そうした機微な個人情報が中国に漏れることを阻止するためだった、と言われる。

「スパイ天国」と揶揄される日本に住んでいる一般の人からすればピンとこない話かもしれない。米国を含めて世界は、防衛省制服組の幹部に「中国人妻」が多くいることを許す日本の感覚とは大きく違うのだ。

「セブンペイ」不正アクセスの被害者にもし駐留米国軍人がいたことが分かったら、米国防総省は日本政府を通じてセブン＆アイHDに経緯を含めて情報開示を求めたであろう。不正アクセスした容疑者が中国人なので、今の米中関係を考えれば、米国としては当然の行動となる。

こうした状況においても日本企業の経営者は電子証拠の適正な管理や、自社システムの「責任追跡能力」を高めることにあまり関心がないとされる。社内の情報システム構築はベンダーに丸投げか、社内では決して主流ではない情報システム部門の専門家に任せておけばよいといった感覚の経営者が多いと聞く。これは、一種の「平和ボケ」なのかもしれない。

サイバーセキュリティ対策は今後さらに大きなテーマになる。外部やIT管理部門に丸投げするのではなく、経営企画部など本社の中枢と連携した対応が重要になってくる時代に突入している。

日本車を米国で販売できなくなるかも

「日本車が米国で走れなくなる時代が来るかもしれない」。こう危機感を露わにしながら語るのは、日米の自動車ビジネスに精通したビジネスマンだ。

前述したように米国では軍需企業以外にも「NIST SP800-171」の導入を義務付ける動きがある。それは米国に進出する日本の自動車メーカーに対しても同様だ。コネクティッドカーの出現など、あらゆるモノがインターネットと繋がるIoTの時代を迎え、すべての製品にハッキング対策をしておかないと、「アリの一穴」からインフラに関する重要システムがやられてしまうからだ。すでに米国は15年に「米国の利益確保を目的とした国際標準化活動への戦略的な関与の在り方」と題した報告書を公表。米国主導のサイバーセキュリティ技術の普及促進によって国際貿易を促進する考えを示している。

すでにEUも米国の動きに同調し、18年5月からセキュリティ対策を強化。罰則付きの法律によってEU域内で活動する重要インフラ企業、たとえば、交通、金融、医療関連などに対して、顧客データをEU域外に持ち出すことを原則禁止とし、データ保護責任者の設置を義務付けた。

米国基準でセキュリティ対策をしていなければ日本車を米国で販売できなくなるリスクを抱えているのだ。最近になってやっと、一部自動車メーカーの危機感は強まり、NISTの導入を検討し始めたり、最新の次世代カーに関する情報については、米国と中国と法人間でメールのやり取りや担当者の出張を禁止したりする動きが出始めている。

ただ、ホンダの対応が甘いといった声が出ている。ホンダは19年6月、中国の電子商取引最大手アリババとコネクティッドカーの共同開発での提携を発表しているほか、習近平氏と近いと噂される北京に本社を構えるニューソフトリーチ社と次世代車の技術で合弁会社を設立しているからだ。

ホンダは前述した20年6月のサイバー攻撃により世界で生産が一時的に止まったほか、17年6月にもサイバー攻撃を受けて埼玉県内にある狭山工場の生産ラインが停止しており、セキュリティ管理に甘いと見られている。

日本は強いサイバー攻撃能力を保有すべき

この章の最後に、サイバー攻撃の話に戻ろう。防衛関連企業が多く狙われている日本の事例だけを見ても、サイバー攻撃はもはや戦争の一種とみなした方がいいかもしれない。また、今の時代は「デュアルユースの時代」と言われる。

これは、かつてはコストを気にせずに開発した軍事技術が民間企業に移転される「軍民転換」の時代だったのが、今や民間技術の驚異的な進化により、軍事と民間利用が同時に行われるようになったことを意味する。その象徴が新しい移動通信システムの「5G」だろう。

この技術で先行する中国のファーウェイを米国などがサプライチェーンから排除するのは、ハイテク機器を多用する近代戦では通信インフラは当然ながら重要な軍備となり、そことを仮想敵国に抑えられていては戦う前に負けていることを意味するからだ。

そのファーウェイ自体が「軍民融合」の象徴的な企業であり、人民解放軍が展開していると見られるサイバー攻撃に協力している可能性が高い。実際に飛行機や戦車を使う物理的な戦力と、サイバー攻撃などバーチャルな戦略を融合して総合的な戦闘能力を構築する「ハイブリッド戦争」の時代が来ている。

安全保障の観点から日本は官も民もサイバー攻撃に対応するための戦略を早急に構築すべきだ。

「攻撃は最大の防御」と言われる。実はサイバーセキュリティを強化するノウハウは、サイバー攻撃を経験したことがある組織や人にしか身に付かないといった見方もある。日本がサイバー攻撃を行うことに関しては憲法上の制約があるかもしれない。しかし、喫緊に迫った危機を考慮すれば、防御の視点から日本は強いサイバー攻撃能力を保有することを真剣に検討すべきなのかもしれないと筆者は感じている。

3章

中国が仕掛ける武器を使わない戦争

ルネサスの半導体工場の火事は単なる事故か

本章では、「武器を使わない戦争」とは一体どんなことなのか、事例を織り交ぜながら紹介すると同時に、その背景としての国際情勢について考えていく。

2021年3月19日、ルネサスエレクトロニクス那珂工場（茨城県ひたちなか市）で火事が発生した。自動車向け半導体の製造ラインがある建屋で火災が発生し、5時間以上燃え続けた。原因は、過電流によってメッキ装置から出火したことだという。

この火事の前から世界の半導体需要は逼迫していた。理由は大きく2つある。コロナ禍でリモートワークが増えたため、パソコンやサーバー、ゲーム機向けなどの需要が増えたことと、米国が一部半導体製造装置の中国への輸出を止めたことで、注文が台湾に集中して生産が追い付かないことだ。

日本の基幹産業である自動車の状況は深刻で、ホンダは1月に国内工場で生産する小型車「フィット」を4000台減産。日産自動車やSUBARUも大減産に追い込まれていた。こうした現状に対応するために、ルネサスが那珂工場で生産を増強しようとしていた矢先の火事だった。この火事によって品不足は加速する。「泣きっ面に蜂」とはまさにこのことだ。

この火事を受け、梶山弘志経産相は3月30日、台湾に代替生産を依頼する考えを示した。すると、翌31日、半導体の受託製造で世界最大の台湾のTSMCの工場で火災が起こった。変電装置への過電流による出火と見られ、原因はルネサスと同じだ。これは単に偶然なのだろうか。

過電流を人為的に起こすことができるのかについて、サイバー攻撃に詳しい研究者は、「米国とオランダの大学が、サイバー攻撃で電圧や電力のコントロールができると発表している。製造設備に直接サイバー攻撃をかけて発火させるのは難しいだろうが、電力の管理設備に何らかの形で攻撃を加えれば、できるかもしれない」

という。ウクライナでは送電施設にサイバー攻撃がかけられ、電力供給に不具合が生じたケースがあるそうだ。

リスクマネジメントに詳しいジャーナリストの窪田順生氏はWebの記事で、「世界の半導体工場・台湾。それは裏を返せば、今ここでもし何かのトラブルが発生したら、世界の自動車、スマホ製造ラインは大混乱に陥るということだ。そのとき、もし中国がしっかり半導体在庫を確保していて、さらに自分たちでも、それなりに生産体制を築いていたら――」と前置きしたうえで、中国が何らかの原因で火災を起こすように仕組んだ可能性があると見てもおかしくないことを、問題提起している。

火事の原因に中国の動きが関係しているのか、真偽のほどは正直分からない。ただ、そう推測する背景について窪田氏は、「ワクチン外交」の例を掲げている。

新型コロナウイルスが世界的に蔓延してワクチンの争奪戦が起きている。そうした中、最も早く驚異的な復旧を果たした中国は、強大な国力でワクチンを大増産し、インドネシア、ブラジル、トルコなど世界40カ国以上に供給しているという。

品不足を「武器」に、貧しい国や足りない国を助けて世界で影響力を大きくしていこうという戦略が見える。見方が穿ち過ぎだとか、証拠はあるのか、といった批判を覚悟の上で言うと、今の中国ならば、半導体で人為的に「品不足」を起こして世界の産業界を混乱させ、その隙に自国は在庫や持ち前の経済パワーで何とか乗り切って他国の産業を凌駕するくらいのことは考えるだろう。序章で紹介した、戦わずして勝つ「軍民融合」の視点からも大いにあり得る話だ。

『超限戦』に記された刺激的な文言

中国の「軍民融合」についての考え方を示した一冊の書籍がある。『超限戦　21世紀の新しい戦争』（角川新書）という本だ。２０２０年１月に出版され、よく売れて一時は売り切れになっていたため、筆者は手に入れるのに少し時間がかかった。

著者は中国人民解放軍国防大学教授の喬良氏と北京航空・宇宙航空大学教授の王湘穂氏。実はこの著書、１９９９年に中国で出版後、国内では２００１年に共同通信社から訳本が刊行され、最近ではそれが古本屋で３万円近い価格で売られていたという代物が、新書として復刊されたのだ。

まずこの著書が中国で話題になったのは、01年9月11日に米国で起きた同時多発テロを予言していたからだ。そして米中貿易摩擦に端を発した「米中新冷戦」の激化によって再び注目を集めるようになった。

序文から刺激的な文言が並ぶ。

〈現代技術と市場経済体制によって変わりつつある戦争は、戦争らしくない戦争のスタイルで展開されるだろう。言い換えれば、軍事的暴力が相対的に減少する一方で、政治的暴力、経済的暴力、技術的暴力が増大していくに違いない。しかし、いかなる形の暴力であれ、戦争は戦争である。

もし新しい戦争の原理が「武力手段を用いて自分の意思を敵に強制的に受け入れさせる」ものではなくなって、代わりに「武力と非暴力、軍事と非軍事、殺傷と非殺傷を含むすべての手段を用いて、自分の利益を敵に強制的に受け入れさせる」ものになったとしても、戦争の原理に従うことは変わりない〉

また、同書は「兵器の新概念」について、〈一般人、軍人を問わず、その身の回りにある日常的な事物を戦争を行う兵器に豹変させてしまうということだ〉と紹介している。

これらが意味することは、軍事と非軍事の境界がなくなり、すべての技術が兵器と組み合わされ、あらゆるものが「戦争」の手段として用いられ、あらゆる「場所」で「戦争」が起こるということだ。

すでに中国は20年以上前から、戦争とは銃砲が鳴り響き、兵士が血を流すことだけではない、と捉えていたのだ。

米国による中国に対する経済戦争

実は米国も負けてはいない。クリントン大統領時代の1993年、安全保障の観点から経済政策を遂行する「国家経済会議（NEC）」が設立された。冷戦終結後の安全保障は軍事力に頼るだけではなく、経済制裁を用いるべきとの発想から生まれた組織で、メンバーの中には国家安全保障会議（NSC）と兼任している人もいる。

米国がNECを設立した当時は、中国の台頭をそれほど意識していなかったと見られ、テロ組織を支援する国や北朝鮮などがターゲットだったのではないか。むしろ米国にとって中国は、多くの留学生を送り込んでくれ、多くの農産物を買ってくれ、多くの投資をしてくれる「得意先」という色彩の方が強かった。

しかし、リーマンショックから2年後の2010年、中国のGDPが世界2位に躍り出て、国際社会への影響力が強まると、14年には南シナ海の暗礁を埋め立てて人工島を作ったり、18年には国家主席の任期を撤廃したりしたことで風向きは変わった。米国は中国に対する安全保障を念頭に置いた経済政策を強化し始めた。

米国ではそれを「Economic Statecraft（エコノミック・ステイトクラフト、ES）＝経済ツールを活用した地政学的な国益の追求」と位置付けた。ESは、「War by other means（ウォー・バイ・アザー・ミーンズ）＝他の手段を用いた戦争」と呼ばれることもある。

17年に就任したトランプ大統領の時代になり、こうした動きが顕在化してきた。たとえば自国のサプライチェーンから中国の通信大手、ファーウェイなどを締め出し、それを同盟国にも求めるようになったことは象徴的な事例だ。

米国は「戦争」という言葉を使っているように、「摩擦」といった生半可なものではなく、米中の2国間は新しい形の経済戦争の真っただ中にあると見るべきだ。この経済戦争のことを中国は「軍民融合」と言い、米国は「ES」と呼ぶのだ。

経済戦争には2種類あると筆者は思っている。まずは、サイバー攻撃や産業スパイなどを使って相手の合意なく競合国からヒト、モノ、カネを奪うことでもある。ヒト、モノの例としては研究者や知的財産などが挙げられる。

次に自国の産業競争力などに有利となるように、国際機関を活用しながら巧みにルールを作っていくことだ。これは合法的だ。多くの国を抱き込んで国際連合の専門機関の運営を支配することなどが含まれるだろう。

米中が経済戦争に突入しているいま、両国とビジネスで非常につながりが深い日本はその影響を少なからず受けていると認識すべきだろう。

こうした局面に入り、巷間囁かれている「台湾有事」や、「尖閣防衛」だけが安全保障領域ではない。もちろんこれらの案件は日本の安全保障上非常に重要だが、そればかりに囚われ過ぎていると、見えないところですでに始まっている「侵略」を、無防備に許してしまうことになるのだ。気づいた時にはすでに毒が回っているようなことだけは避けたい。

経済戦争は、本物の武器を使った戦争とは違うので、戦いのシーンを見ることはできない。しかし、時折リアルな現象として現れるのが、2章で紹介した、三菱電機のようなサイバー攻撃のケースだ。

ESや「軍民融合」では、経済ツールを巧みに「武器」として使う。「貿易」「投資」「経済制裁」「サイバー空間」「経済援助」「エネルギー政策」「研究・教育」などの分野で、巧妙に「攻撃」が仕掛けられてくる。

想定されるものとして、政府の許認可の妨害、安全装置に意図的な故障を起こさせることによる発電プラントの稼働停止、納品データと在庫データを狂わせることによる営業や品質管理の妨害、特定企業を対象にした意図的な材料などの配送ミス、重要サプライヤーでの意図的な事故などがある。

台湾産パイナップルの輸出停止という仕掛け

中国が関与していると見られる事案を具体的に紹介していこう。

太陽光パネルの中国の三安光電が15年、ドイツの半導体製造装置メーカーのアイクストロンへの大量発注を突然キャンセルしたために同社の株価が急落した。その隙をついて中国政府系投資ファンドが買収を仕掛けてきたが、米国子会社が地対空ミサイル「パトリオット」関連の仕事をしていたため、米国の大統領令によって米国子会社の買収を阻止した事件があった。

後の調査によって三安光電と政府系投資ファンドが結託した買収戦略だったことが分かった。このパターンは投資と貿易を組み合わせたものだ。

サイバー攻撃と経済援助が関係するケースもある。プエルトリコでは電力公社のスマートメーターがサイバー攻撃を受けて巨額の徴収漏れが発生したことが、17年に起こった。財政破綻の一因となった。財政破綻後は中国系ファンドが乗り込んで来て財政復興支援をした。

プエルトリコはカリブ海に浮かぶ米国の庭先のような自治領であり、米国の製薬会社が集積している。そこへの影響力を持つことが狙いだと見られる。

こんな特異なケースもあった。中国の民間企業が15年から18年にかけて東欧のチェコで、航空会社、酒造会社、報道機関、金融機関などを買収後、その中国企業のトップが18年に汚職で逮捕された。その後に中国政府の管理下に置かれた。結果として買収されたチェコの企業は、間接的に中国政府に支配されることになった。これもESだと見られている。

最近では今年3月から中国が、台湾産パイナップルに害虫がいるとして輸入を止めた。台湾の中国向け輸出額に占めるパイナップルの割合は0・03%程度とわずかだが、パイナップル農家が多い南部には、与党民進党の支持者が多いとされる。

同党の蔡英文総統は「二つの中国」の立場に立つ。貿易を絡めながら、ターゲットにする国の指導者をけん制しようという動きが透けて見えるようだ。12年には領土問題を背景に、中国がフィリピンからバナナの輸入を止めたことがあった。

もし貿易面で中国が日本に対してESを仕掛けてくるとすれば、モーターに使う磁石の原料となるレアアース（希土類）ではないかと筆者は推測する。中国が世界生産の6割を占めるとされ、ＥＶやハイブリッド車向けのモーターの製造では必要不可欠だ。

すでに中国は21年1月、鉱山での発掘から流通まで、レアアースのサプライチェーン全体を統制すると発表した。米メディアのブルームバーグは2月16日、中国がレアアースの米国向け輸出を制限して、防衛産業に打撃が与えられないか検討していると報じた。これは米国が中国製の通信製品を締め出していることなどへの報復と言えるだろう。

いつ日本もターゲットにされるか分からない。だからこそ、レアアースを使わない磁石の開発や中国以外の調達先を確保しておくなどの対応策を検討したり、準備したりして経済安全保障を念頭に入れた、事業継続計画（ＢＣＰ）を策定しておくことが重要だろう。

これは中国が関与しているかは不明だが、製薬大手のメルクが17年、サイバー攻撃を受けたことでワクチンの製造が中断し、株価が下落した。その際にはメディアのツイッターアカウントを乗っ取り、フェイクニュースを流して市場を混乱させる手法が用いられた。

こうした製薬企業が打撃を受けると、影響は国民生活に直結する。製薬に加え、社会インフラである電力や通信、ガスなどの企業も、ＥＳのターゲットになりやすい。

中国の軍事技術の発展に寄与する千人計画

「研究・教育」分野では、千人計画がある。これは中国が08年から始めた、高度な研究テーマに取り組んでいる外国人研究者を招聘するプロジェクトだ。多額の研究費と給料などで好条件を示し、先端技術の開発者をヘッドハントし、中国の軍事技術の発展に貢献させる狙いがある。

21年1月1日付の読売新聞がこの問題を大々的に報じた。同紙の取材では日本の研究者が少なくとも44人が関与し、このうち13人が日本の「科学研究費助成事業（科研費）」を得て、過去10年間のそれぞれの受領額が1億円を超えていた。

さらに、国家国防科学技術工業局の監督下にある、北京航空航天大学やハルビン工程大学など「国防7大学」に所属の研究者が8人いて、そのうち5人が日本学術会議の元会員や元連携会員だったという。

これは、日本の公的資金を元手に研究した成果をかっさらっていくのも同然であり、しかもそれが軍事研究に応用されている可能性が高い。日本の税金が間接的に中国の軍事力強化のために使われていることになるのだ。

千人計画に参加することについて、現状では日本に規制はない。職業選択の自由があるからだろう。日本は何ともお人好しだと感じるのは、筆者だけだろうか。この構図は、経済記者を長くやってきた筆者にとっては、既視感がある。

それは、かつて日本の造船業は世界1位だったが、リストラされたり、定年したりした技術者が韓国を指導して追い抜かれたのと同じだ。電機や半導体も同様に、日本の人材が韓国のサムスンなどに流れ、この分野ではあっという間に日韓の力関係が逆転した。三洋電機は消え、シャープは外資の傘下に落ちた。

自動車産業でも、リコール隠しなどで2000年代初頭から苦境が続いた三菱自動車では、早期退職した技術者が中国に渡っていた。企業に優勝劣敗は付き物だとはいえ、リストラする経営側にも、情報流出に関して責任の一端は少なからずあるだろう。

そうした観点で見ると、千人計画に日本人が流れるのは、日本では優秀な研究であってもカネが回らないなどの、文部科学省や大学側のマネジメントの問題があるのかもしれない。この点は日本の課題として認識しておくべきだろう。

軍事力では日本は中国に敵わないのは分かっているが、「国防7校」に協力することは、その差をさらに拡大させることに協力する行為に等しい。国防とは関係ない大学への協力であっても、繰り返し指摘してきているように「軍民融合」の考えの下では、日本の「頭脳」が軍事にいとも簡単に転用されるだろう。

米国がリーバー・ハーバード大教授に下した鉄槌

さらに筆者が腹立たしく思うのは、日本の研究者は防衛省の予算を使って研究することを回避していることだ。防衛装備庁は15年、民間の新しい研究を防衛技術に取り込むために「安全保障技術研究推進制度」を創設した。

技術革新が急速に進む時代になって、防衛技術と民生技術の境界線がなくなる「デュアルユース」が国際的な潮流となっていることを背景に誕生した新制度でもある。

しかし、日本学術会議は17年、「軍事目的のための科学研究はしない」と1950年に打ち出した考えを踏襲することを表明した。敗戦後、日本はGHQ（連合国軍最高司令官総司令部）の指令によって軍備の放棄が命じられ、その流れで大学研究の軍事への転用は認めないようにしたわけだが、それから70年以上が経って国際情勢は大きく変化したのに、古い考えに固執するのはどう見てもおかしい。

日本の防衛予算を使うことは拒否するのに、同会議の元会員や元提携会員が、中国マネーを使って人民解放軍の軍備力向上につながるような研究を行うことを黙認する発想は、国益をないがしろにしているとしか思えないのだ。

米国ではこの千人計画の参画者についに鉄槌が下された。20年1月28日、米司法省は、ナノテクノロジーの権威であるハーバード大学教授のチャールズ・リーバー容疑者を逮捕、起訴したと発表した。リーバー氏は米国防総省や米国立衛生研究所から研究資金を受け取る際に、千人計画には参加していないと、虚偽の陳述をした疑いがある。

米国では外国政府から補助金をもらう場合には開示する義務があった。特に千人計画について米国は知的財産を盗んでいる疑いがあるとして捜査、取り締まりを強化している。

報道によると、リーバー氏は11年に武漢理工大学の戦略科学者に就いた後に千人計画に参加し、12年から17年の間に大学側から月に5万ドル（約545万円）の報酬や年間15万8000ドル（約1722万円）の生活費を得ていた。見返りに大学の名前で論文を発表したり学生を集めたりしていたという。

その一方で、米国の国防総省と国立衛生研究所からも計1500万ドル（約16億

3500万円）の研究資金を得ていたという。

米国の捜査対象は自国の研究者だけではない。米国の政府系資金を得ながら千人計画に参加しているか、参加していた経験がある日本人研究者が米国に入国した際に、空港で逮捕される可能性があるかもしれない。日本の甘い対応とは大違いなのだ。

繰り返すが、日本の学術会議の考え方は時代の流れに合っていない。筆者は学問の自由や職業選択の自由を否定するつもりは全くない。日本は民主主義の国なのでそれは当然だ。さらに言えば、今の時代に技術に国境はないのかもしれない。

しかし、現在、「米中経済戦争」の局面にあり、平時の状態ではないと考える。同盟国である米国が戦っている時に、人民解放軍が背後に控えている研究に堂々と協力することが日本の国益に適うのだろうか。そもそも千人計画に協力している研究者自体に国益という概念がないのかもしれない。

国連の4機関のトップが中国人

国際機関への積極的な関与により、自国に有利になるようなルール作りや国際世論に導くことも、「新しい戦争」の形態の一つだろう。

新型コロナウイルスが世界的に蔓延しているいま、WHO（世界保健機関）の役割が増している。しかし、米国は20年、「WHOの運営が中国寄り」だとして、資金の拠出を当面停止し、脱退する方針を示した。

これに対し、中国は追加で3000万ドルを寄付すると発表した。ただ、米国は21年に入り、バイデン政権になって脱退を撤回する考えを示した。

20年1月下旬の中国の春節（旧正月）前に、もしWHOがパンデミック宣言して中国からの人の移動を止めていれば、これほどの感染拡大は防げたかもしれない。しかし、WHOのテドロス事務局長が中国側の顔色をうかがって判断が遅れたとの見方もある。

この背景には、WHOへの拠出金の国別順位で中国が2位になって影響力を持ち始めていることや、テドロス氏の出身国、アフリカのエチオピアが国内のインフラ整備で中国から援助を受けていることなどがある、と見られる。氏は母国で外相を務めた経験がある。

国際機関を使った「多国間（マルチ）」でのルール形成力は、中国の方が米国より一枚上手だ。国連の15の専門組織のうち、次の4機関、FAO（国連食糧農業機関）、ITU（国際電気通信連合）、ICAO（国際民間航空機機関）、UNIDO（国連工業開発機関）のトップはすべて中国人だ。ＩＣＡＯでは中国人トップが就任以降、台湾が参加できなくなった。
トランプ政権時代の米国は、「自国優先主義」が強くなり過ぎて「マルチ」よりも「2国間（バイ）」の交渉を重視するようになった結果、国際機関への関与がやや疎かになってしまった。

国際機関の重要ポストに簡単に中国人が就けないようにするため、日本はやっと戦略的な動きを取り始めた。国連の専門機関の1つ、ＷＩＰＯ（世界知的所有権機構）で20年3月にあった事務局長の選挙戦では、シンガポール特許庁長官のダレン・タン氏が、中国人で同機構事務次長の王彬穎氏に勝って当選した。

この選挙戦では、日本も特許庁出身の夏目健一郎氏を擁立を決めたが、敢えて選挙戦から降ろした。この背景には、日米欧が協力して集票し、タン氏を推す戦略に切り替わったことがあった。同盟国で候補を一本化したことが奏功し、タン氏が王氏に競り勝てた。

当時はまだトランプ政権であり、国連への関与が疎かになっていた時期だが、ＷＩＰＯは「知財の番人」と呼ばれる専門機関。これまで中国は平気で他国の知財を侵害してきた。誤解を恐れずに言えば、「泥棒に警察官をさせる」事態はさすがに避けるべきだと、米国も危機感が募っていたのではないか。共和、民主両党が共同で当時のポンペオ国務長官に対し、同盟国と連携して中国人の当選を阻止するように要請したという。

こうした国連の専門機関のトップの選挙では、拠出金やGDPの規模などに関係なく、1国1票だ。中国が発展途上国のアフリカに経済援助をし、太平洋の小さな島国に接近するのは、集票も狙いの1つなのだ。インフラ開発や借款などで恩を売り、票を集めるのである。

中国のこうした戦略は、国際世論形成の戦略上、賢い動きと言わざるを得ない。日本でもやっと国連の専門機関のポストを積極的に獲得していこうとする動きが始まった。21年2月、「国際機関幹部ポスト獲得等に戦略的に取り組むための関係省庁連絡会議」が発足した。やるべきことの1つが人材育成からだ。

国際機関のトップになる条件としては、まず英語が流暢で実務経験が豊富なことなどが求められる。閣僚経験が必要なこともある。

続いて資質として度胸やセンスが求められるだろう。国連専門組織のトップになれそうな見込みのある官僚に1つの分野で長く経験を積ませたり、こうした分野で才能がありそうな政治家を当選回数関係なしに戦略的に大臣ポストを経験させたりして、「要員」として確保しておく必要があるのかもしれない。

これまで述べてきた千人計画や、中国による「国連支配」については20年6月、メディアに先駆けて自民党の有村治子参議院議員が国会で質問している。5章でも再び触れることにする。

国家が丸ごと買収されそうになったオーストラリア

国家が丸ごと中国に「買収」されそうになったこともある。それはオーストラリアだ。親中国であったことを巧みに利用され、中国マネーによって政治家が買収され、港湾が奪われていった。

18年春にオーストラリアに調査に行った国際地政学研究所・上席研究員の奥山真司氏は「うかうかしていると日本もオーストラリアと同じことになるのではないかとの危機感があったために、オーストラリアに出向いた」と語る。

国家を「紅く染める」中国の手法について、「まず華僑など現地の中国人コミュニティのメディアに親北京派すなわち中国共産党に近い人物を送り込むことから始まる。オーストラリアでは天安門事件の後に、中国から留学生・移民を多く受け入れたことで、中国人コミュニティが拡大していた。現地メディアを親北京派にしてから、続いて影響力のある政治家を取り込んでいくことだ」と奥山氏は説明する。

オーストラリアで奥山氏は一人の学者に会った。チャールズ・スタート大学のクライブ・ハミルトン教授（公共倫理学）だ。

18年、彼が上辞した『Silent Invasion』（邦訳版は20年に飛鳥新社から出た『目に見えぬ侵略　中国のオーストラリア支配計画』）がオーストラリアでは国民的ベストセラーとなり、国家の目を覚まさせることにつながった。

奥山氏がこの本を訳した。続いてハミルトン氏が出した『Hidden Hand』（邦訳版は同じく飛鳥新社から出た『見えない手　中国共産党は世界をどう作り変えるか』）を監訳。二冊をまとめた解説書『「目に見えぬ侵略」「見えない手」副読本』（飛鳥新社）も監修した。

これらの本を読んでいくと、タイトル通り、中国による「目に見えない侵略」が進んでいたことが具体的に分かる。奥山氏は「ハミルトン氏は学者でありながら、ジャーナリスティックな視点で取材、執筆している」と説明する。

元々ハミルトン氏は、オーストラリア緑の党から選挙に出馬経験のある、いわゆる「左派」だそうだが、イデオロギーに関係なく取材し、中国人と中国共産党を分けて考えているそうだ。

筆者もこの点は重要だと思う。中国の民族や文化を蔑んだ思想や、右、左のイデオロギーからだけで中国を論じることに反対だ。日本には中国にろくに行ったこともなく、中国で何が起きているかも知らないくせに、イメージだけから中国批判している人たちがいることに違和感を覚える。

コロナ禍前には筆者は年に2、3回程度は中国、1回程度は米国に出向いて自動車産業などの現状を視察していた。中国や米国に対する「現場感」は多少持っている。中国の食事は口に合うし、愉快な知人・友人たちもいる。日本には中国から渡来してきたものも多い。

拙著では中国人や中国文化を攻撃するつもりは毛頭ない。選挙がない共産党一党支配と、さらにその一党を独裁下に置こうとしている現政権が強めている「軍民融合」戦略を批判しているのだ。

農地や港湾を買い漁る「紅い侵略」

オーストラリアの話に戻す。ハミルトン氏の本や副読本を読むと、日本も反面教師にすべきことが多いと感じた。内容をいくつか紹介していきたい。

オーストラリアが親中から反中に変わる転機となったのは、16年に、南シナ海問題で中国を擁護していた当時与党労働党のサム・ダスティヤリ上院議員が中国系の富豪から多額の政治献金を受けていたことが調査報道で明らかになって、議員辞職に追い込まれたことだった。以降、中国資本のインフラ買収など、「紅い侵略」が次々と明らかになっていった。「北京（ペイジン）ボブ」と仇名の付いた元外相のボブ・カー氏は、中国マネーで設立された研究所の所長に就き、中国側の接待で何度も訪中し、中国共産党の「広告塔」と化した。ポール・キーティング元首相も中国の代弁者になってしまったという。

その副読本ではこう指摘されている。

〈「引退した政治家」をもてなし、その発言力を利用しようとする。その人物が、国内での影響力の低下と裏腹に、中国では「重要な賓客」として扱われると、自分を軽んじる母

国を貶め、中国を持ち上げる発言をしやすいのが人間心理だ〉

農地も中国に買い漁られた。中国の経済成長とともに牛肉などの肉需要が増え、急速に食糧の輸入が増えている。中国共産党は食糧を輸入に頼りすぎることを「タンパク質の赤字」と呼んで恐れているそうだ。

南部のタスマニアなどの農地が狙われ、中国企業が買収して、中国から労働者が送り込まれ、農産物を中国のみに輸出する「中国の畑化」が進んでいるという。

港湾の租借や買収も進む。16年にメルボルン港が中国系ファンドに買収された。前年の15年には米軍の海兵隊が訓練で使い、寄港地でもあるダーウィン港に中国企業が99年間の租借権を設定した。ダーウィン港といえば、南太平洋に面した戦略的要衝で、第二次大戦の際には連合軍の拠点が置かれていたため、日本軍が１９４２年に空爆した歴史がある。

ダーウィン港を買収した中国の嵐橋集団の会長は人民解放軍出身だそうで、企業で「海上民兵」を運用していることや、オーストラリアの元貿易・投資相のアンドリュー・ロブ氏にカネを渡していたことが判明しているという。

オーストラリアが港湾を取られた理由の一つに、港湾管理は州政府で、連邦政府が関与できなかったことがある。管理が甘い州政府の隙をついたのだ。

また、オーストラリアの隣のニュージーランドでは、驚くことに人民解放軍の総参謀部第3部出身とされる楊健（ヤン・ジャン）氏が与党国会議員となり、14年から16年まで外交・防衛・貿易特別委員会の委員に就いていた。この第3部はサイバー攻撃やデータの盗み出しなどを担当する諜報機能を持つとされる。

前出・奥山氏が指摘する。

「ニュージーランドは、米国、英国、カナダ、オーストラリアとの間で機密情報を共有する『ファイブアイズ』。楊氏はその情報が取れる立場にいたことを考えると、ニュージーランドもかなり中国の『見えない侵略』を受けているのではないか」

ニュージーランドのジャシンダ・アーダーン首相は親中派で、選挙演説で中国の習近平国家主席の言葉をそのまま引用したことがあるという。19年に訪日した際には「日本のことを中国と言い間違えた」と海外メディアが伝えた。

中国マネーに目がくらみ、自尊心も捨て、国益を損なうような政治家が日本にはいないことを信じたい。

オーストラリアに対する「紅い侵略」が発覚した頃の16年といえば、日本がちょうど「そうりゅう型潜水艦」をオーストラリアに売り込んでいた時期だ。長時間潜ることができ、駆逐艦に捕捉されづらいと言われた最新型で、中国海軍がその技術を知りたがっていたとされるタイプだ。

しかし、フランス企業との競争で負けた。敗因は、日本側が技術移転や現地生産を渋ったことにあると言われた。だが、今から考えれば負けて「正解」だったのかもしれない。当時のターンブル首相は親中派として知られていたので、「虎の子」の情報が中国に漏洩していたかもしれないからだ。

ちなみに日本の潜水艦の製造拠点は、神戸市一カ所にしかない。三菱重工業と川崎重工業の2社が神戸港に面したドックで生産している。

いただけないのは、その拠点の近くを遊覧船が回遊している点だ。写真も撮り放題だ。筆者も遊覧船に乗って現場を見たことがあるが、訓練されたスパイなら簡単に飛び込んで潜り込めるだろう。日本の危機管理の甘さを象徴する場所だと言わざるを得ない。

４章

ＦＢＩのスパイ摘発と公安調査庁の変身

米FBIによる元アップルの社員の逮捕

米FBI（連邦捜査局）が立て続けに元アップルの社員を逮捕した時期がある。いずれも逮捕されたのは中国人であり、産業スパイをしていた。

2018年7月、中国人の元社員が自動運転関連の技術を盗んだ疑いで逮捕された。シリコンバレーにあるカリフォルニア州サンノゼ空港で、保安検査を終えた直後の逮捕劇だった。その容疑者は、中国の広州市に本社を構える新興EVメーカー、小鵬汽車に転職するために出国直前だったという。

続いて19年1月には中国国籍の元社員が自動運転関連に関して2000を超える会社のファイルを自分が所有する個人パソコンなどに移して盗んでいたことが発覚し、逮捕された。この元社員も中国に帰国する直前に捕まった。

実は2年前に筆者は、この小鵬汽車本社に出向いたことがある。ショールームに飾られていた新車を見ると、運転席の横に大きなタブレット端末が配置されており、内装はEVで先鞭をつけた米国のテスラ車と似ていた。

社員に聞くと、自社で工場は保有しておらず、開発に特化した企業で、生産は他の自動車メーカーに委託しているとのことだった。ただ、品質管理は自社で対応しており、「トヨタ自動車の日本人OBを採用している」と説明してくれた。

同社の創業者はIT企業の出身。米国のシリコンバレーにオフィスを持つほか、20年8月にはニューヨーク証券取引所に上場を果たした。

いま、自動車産業には他業界からの新規参入が相次ぎ、競争が非常に激しくなっている。「100年に一度の変革期」と言われるほどだ。米国のアマゾン、グーグル、アップルに加え、中国のバイドゥやテンセント、アリババといった「プラットフォーマー」と呼ばれる、規模が巨大で競争力を持つIT企業からの参入が相次ぐ。

クルマがインターネットと常時つながるコネクティッド技術や自動運転、EVの分野が「激戦区」だ。その中でもスマートフォンで圧倒的な力を持つ「アップルカー」がどのようなものになるのか、業界では注目されている。

ただ、アップルは情報管理に非常に厳しい会社として知られ、事前に製品・技術情報などが漏れることを極端に嫌い、部品を供給する下請け企業などがうっかり情報を漏らすと、取引を切ることがあると聞く。

アップルの行動は企業としては当然の行為なのだが、それ故に「アップルカー」に関する情報は必然と価値が高くなり、転職する際に「高く売れる」のだろう。この意味は、「アップルカー」の情報を持っている人を中国企業は厚遇で引き抜いているということだ。

逮捕されたこの2人の中国人が、自発的に盗んだのか、あるいは中国企業が情報を取ることを意図して送り込んだのかは定かでないが、いずれにしてもこうした行為は犯罪である。米国では1996年に「経済スパイ活動法」が制定され、犯罪がインターネット上や海外で行われた場合でも処罰されるようになり、米国政府はこうした経済犯に対して、厳しい対応をしている。

中国の軍事技術開発は変わった

加えて、中国共産党が推進する「軍民融合」戦略を引き金にして「米中経済戦争」は激しくなっている。これまで繰り返し述べてきたように、中国の産業スパイが盗む情報が、競合企業に流れるだけではなく、軍事に転用され、人民解放軍の装備力向上につながる可能性があるのだ。

米ソ冷戦時代は、コストを顧みずに開発できるために、軍事では優れた技術が誕生し、それが民間に転用、コスト削減されて一般社会に普及する流れだった。身近な存在ではカーナビなどだ。

米ソ冷戦崩壊後にいったんは軍拡競争が終了したことで、膨大な軍事予算をかけられなくなったため、軍需産業から民需への転換が増えた。軍需→民需という流れを指して「軍民転換」と呼ばれた。中国でもそうした流れが加速していた。

1996年、筆者が朝日新聞記者時代に初めて中国に出張した際、自動車産業取材のために訪れた一社が中国航空工業だった。飛行機を生産する軍需企業だ。その傘下企業が三菱自動車とエンジンの合弁生産を決めた。現在も一部形態は変わりながら、瀋陽やハルビンで合弁生産が続いている。

当時、多くの日本の自動車メーカーが中国進出を狙っていたが、最初に本格的な合弁生産にこぎつけることができたのが三菱自動車で、その理由が「軍民転換」だった。三菱自動車は三菱重工業が母体となって誕生した企業であり、当時の役員はほとんど重工出身だった。中国はそこに目を付けた。三菱重工業は日本最大の防衛企業であり、そこならば軍民転換のノウハウがあると考えたのだ。

当時、中国は朱鎔基副首相が親交のあるマレーシアのマハティール首相を仲介して、三菱グループで国際派として知られた三菱商事の槙原稔社長に打診したと言われている。そこから合弁話は進んだ。三菱の瀋陽にあるエンジン工場の会社にマレーシア企業が出資しているのはその縁からだ。

ところが時代は大きく変化し、技術革新とともに軍事と民間の技術の境界線がなくなった。象徴的な事例が新しい移動通信システムの「5G」だ。民間企業が開発する技術がいとも簡単に軍事に転用できるようになった。

ドローンの技術も同じだ。防衛省関係者によると、中国は「スウォームドローン」を開発していると言われる。

スウォームとは「群れ」という意味。小型ドローンが数百基の群れとなってイージス艦が攻撃されれば、迎撃ミサイルで撃ち落とすことは不可能で、高出力マイクロ波レーザーで撃ち落とすしかないそうだ。また、中国は量子技術を使ったステルス戦闘機を探知するレーダーも開発中だという。

10時間に1件の割合で、中国の諜報事案の捜査に着手

こうした状況の中、米FBIは経済安全保障上、民間の企業や研究機関、大学が有する先端技術が流出することを恐れ、取り締まりを強化している。

20年7月には人民解放軍の将校らが身分を隠して米国滞在ビザを不正取得し、大学の研究者として活動していたとして4人を逮捕した。FBIのレイ長官は「米国はいま、10時間に1件の割合で中国の諜報事案の捜査に着手している」と語った。

同時に米政府はヒューストンにある中国総領事館が、研究情報を盗む拠点になっているとして閉鎖を命じた。これに中国政府が報復し、四川省成都にある米国総領事館の閉鎖を命じた。

こんな新たな手口も生まれている。米国のメディア情報によると、中国は、公共性のあるロビー活動で有名な米国コンサルティング会社の偽のシンガポール支店を立ち上げ、機密情報を持つ米軍や米政府関係者に接近。アルバイトで1件20万円ほどの外交や軍事に関するレポートの作成を依頼した。

テーマは「ステルス戦闘機のF-35Bを日本が購入することについて」「アフガニスタンからの米軍撤退が中国に与える影響」など。協力者には金銭問題を抱える米空軍の軍人がいたという。

これは他人事ではないと筆者は感じる。コロナ禍によって日本でもリモートワークが加速したり、働き方改革によって副業が容認されたりする時代になった。これはこれで時代の流れに合っているので前向きに進めるべきだと思う。しかし、見方を変えれば、組織と個人の関係はゆるくなり、そこに産業スパイが付け込む「隙」が生まれるのではないか。日本でも留意しておくべき案件だろう。

FBIが構築する新たな情報収集のノウハウ

こうして犯罪の手口が巧妙になり、企業や研究機関にじわりと浸透していく形で秘密情報が盗まれるため、FBI自体が新たに情報収集のノウハウを構築していくなどの進化を迫られている。いくつか紹介しよう。

進化のキーワードが「民間との協力、信頼関係の構築」だ。

前述したように産業スパイは民間組織に入り込み、最新情報を盗もうとする。外部からの捜査では限界がある。まず、ＦＢＩはＤＨＳ（国土安全保障省）と連携して「ＤＳＡＣ（国内安全保障同盟評議会）」と呼ばれる組織を立ち上げた。

ここは民間企業と、ＦＢＩやＤＨＳとの情報交換の場と位置付けられ、現在は50業種から５０９社が参画している。ＦＢＩとしてはまず気軽に民間企業から情報提供を受け、相談される関係を構築しようとしている。

ＦＢＩは、啓蒙活動を強化するため、実際にあった産業スパイ事件をモデルに「The Company Man」というドラマ仕立ての映像を制作したり、米化学大手・デュポンの幹部がＦＢＩとどのような関係を構築したかを語る、インタビュー動画も公開したりしているという。

ＦＢＩに限らず米国のインテリジェンス機関ＣＩＡ（中央情報局）も、民間との協力を強めており、２０１２年時点でＣＩＡ職員の30％程度が民間からの出向者だったとの情報もある。インテリジェンス機関とは、国家安全保障の観点から情報収集、分析などを行う組織のことで、ＣＩＡは対外的な情報収集活動を主な任務としている。

このインテリジェンス機関が使う手段は、人間関係を構築しての「ヒューミント」、通信や電子信号を傍受する「シギント」、ニュースや政府の発表など公開情報を収集、分析する「オシント」などがある。CIAは「ヒューミント」の活用を得意とし、協力者は「エージェント」と呼ばれる。逆の立場から見れば「スパイ」である。

2010年代から徐々に強化されてきた米国における捜査・インテリジェンス機関と民間企業との連携強化では「副産物」が生まれている。それは「インテリジェンス産業」の誕生だ。

CIAから委託を受けて戦争計画を分析するコンサルティング会社や、インテリジェンス人材を育成する教育会社などのことだ。

CIA自身が自前のベンチャー投資ファンドのインクテルを持ち、そこが1億7000万ドルほど（約185億円）の資金を持つとされる。CIAがベンチャー投資ファンドを設立したのは、技術革新の流れが速い中、情報収集のための有望な技術を持つスタートアップなどの企業を囲い込むためだ。

そのインクテルが出資したパランティアが20年9月、ニューヨーク証券取引所に上場した。同社は04年に決済サービスのペイパルの創業者のひとり、ピーター・ティール氏が起業した会社で、ビッグデータの解析を得意としている。21年4月14日時点の時価総額は

439億ドル（約4兆7851億円）あり、日本企業では日立製作所や三菱商事と同等の時価総額となっている。

この「パランティア」が一躍有名になったのは、テロ組織「アルカイダ」の指導者、オサマ・ビンラディン氏の居場所を米軍が探り出し、殺害した際に使ったのが同社の解析システムだとされる。CIAやFBIなどのインテリジェンスコミュニティが主要顧客だが、金融機関などにもサービスを提供している。日本では19年、損害保険大手のSOMPOホールディングスと情報解析ソフトウエアの合弁会社を設立後、SOMPOは20年、パランティアに5億ドル（約545億円）を出資した。

いわゆる「インテリジェンスコミュニティ」と呼ばれる人材は、今や米国には400万人近くいるとされる。企業側がFBI元捜査官を「チーフ・トラスト・オフィサー」に起用するケースも出ている。こうした「プロ人材」が企業内部で産業スパイやサイバー攻撃などに対しての防御対策を講じるのだ。

米国では軍事までもが産業化されている

話は少し変わるが、日産自動車元CEOのカルロス・ゴーン被告を逃亡ほう助したのは、米国の特殊部隊「グリーンベレー」の元隊員だったが、彼は退役後、「アメリカン・インターナショナル・セキュリティ・コーポレーション」という会社を創業、紛争地での要人警護や兵隊の訓練を請け負っていたとされ、「顧客」は米政府だった。

これは、米国では軍事までもが産業化されている一例と言えるだろう。日本ではまだ信じられないような話だ。

いまの日本的思考であれば、公安組織と企業が結びついていることを公にさらすことや、民間企業が公安的業務を行うこと、それらの産業化などに理解を示す国民は、それほど多くないのではないだろうか。企業のイメージ向上にはつながらない、と考える経営者もいることだろう。

しかし、国家の威信をかけて戦っている「米中経済戦争」の渦中にある米国の危機感は日本とは比べ物にならない。こうした手法の方が合理的であるし、最終的には国民へのメリットがあると筆者は考える。

「米中経済戦争」に国家として向き合う場合、基本戦略を国が立案するにしても、すべてのオペレーションを国任せでは公的セクターが肥大するばかりだ。最終的には「増税」という形で国民につけが回ってくる。

日本では公務員の不透明な天下りが問題視されることがあるが、日本の公安組織で働く公務員は天下り先がほとんどなく、定年退職後は年収３００万円程度のアルバイト警備員くらいの職にしか就けないケースもあるという。

日本でもインテリジェンスコミュニティができて、官民交流が進めば、インテリジェンス人材がセキュリティ担当、社外取締役・監査役などの職を得られることになるのではないか。こうした人材を受け入れることにより、効果的な事件の未然防止策を、企業が自前で構築できる能力を向上させることにもつながる。

経済安全保障対策に力を入れる公安調査庁

日本でも変化の兆しが見えつつある。日本のインテリジェンス機関の一つ、公安調査庁はこれまで破壊活動防止法や、無差別大量殺人行為を行った団体の規制に関する法律に基づいてオウム真理教への対応、国際テロの防止などに注力してきたが、比重を経済安全保障対策に移そうとしている。公安調査庁は税金で賄われている組織だが、時代の変化とそれに伴う社会的なニーズに対応できなければ、役所としての存在意義が薄れてしまうからだ。

公安調査庁は、公共の安全に影響する可能性がある情報の収集・分析をする組織であり、逮捕令状を裁判所に請求して容疑者の身柄を確保する権限は持っていない。収集した情報を政府に伝え、政策判断と法執行につなげていく組織と位置付けられている。

中国共産党が推進する「軍民融合」戦略によって、サイバー攻撃や産業スパイが増えている世界情勢の中、日本も他人事ではない。官邸を始めとした関係機関が求める情報も変化してくるため、そうした動きにも対応していかなければならないのだ。

変化を象徴する動きがあった。20年12月3日、公安調査庁の和田雅樹長官が東京・大手町の経団連会館で講演したのだ。

長官自体が講演することは別に珍しくなく、テーマは国際テロ問題などが多かった。なぜなら企業活動がグローバル化して、海外駐在員や出張者がテロ組織に誘拐されるなどのリスクが高まっているため、そうした事案への啓蒙が求められてきたからだ。

しかし、昨年の講演は経団連では初めてのテーマとなる「経済安全保障」だった。留意すべき先端技術の流出リスクなどについて事例をあげながら和田長官は語った。講演後の意見交換では、技術流出防止のために推進する社内教育について、公安調査庁からの協力を求める声が企業側からあがったという。

いま公安調査庁が経済安全保障に関して力を入れている情報収集は、懸念国による日本企業の買収や不動産の取得、軍事転用可能な機微物資の調達などについてだ。国家が関与、支援する高度なサイバー攻撃に関しても、積極的な情報提供をしている。

大学や研究機関との連携も強化しており、20年9月、東京大学先端科学技術センターにおいて、知的財産法に詳しい玉井克哉教授が責任者となって始めた、「経済安全保障研究プログラム」の第一回研究会に和田長官が参加した。

同プログラムでは、主要国における先進技術情報管理と法制の動向などについて研究されるほか、研究室レベルでの情報管理強化も推進する。

公安調査庁では経済安全保障などに関連した情報収集・分析活動の強化に向け、関連予算は20年度の当初予算で29億1100万円だったのが、同年度補正予算で5億7000万円が追加され、21年度予算は3億900万円増の32億2000万円となった。

この1年間で8億円を超える予算増となり、人員増強も認められ、関連要員の確保のために76人が増員された。

国家財政が厳しい中で異例の対応となった背景には20年12月、自民党政務調査会の中に設置された新国際秩序創造戦略本部が政府に対し、「経済インテリジェンスの強化」を提案したこととも関係がある。

提案では、経済安全保障に関する情報収集や分析を効果的に行う専従の新規ポストの設置や、前例にとらわれない抜本的な人員の増強によって、公安調査庁などの機能を強化すべきと謳われたのだ。

インテリジェンス機関が動きやすい制度が必要

ただ、政府がこうした日本のインテリジェンス機関の機能強化を推進しても、諸外国と比べれば貧弱な状態に置かれていることには変わりない。

ある資料によると、公安調査庁の人員は約1600人で予算は19年度に約153億円なのに対し、英国秘密情報局は3000人を超えて4000億円程度、オーストラリア保安情報機関は約2000人で412億円程度、ドイツ憲法擁護庁は約3000人で500億円程度と見られている。

こうした人員、予算の面だけではなく、法整備でも日本には課題がある。たとえば、米国では調査や捜査のためには「仮想身分」が認められ、本人名義とは別のパスポート発行が認められているほか、外国籍の人や外国企業が米国人に依頼して基地などの重要施設周辺の土地を取得することを規制する「特別関係者条項」がある。

しかし、日本ではまだインテリジェンス機関が動きやすい制度が整っていない。インテリジェンス機関を強化すべきとの指摘に対してはおそらく、主要メディアはアレルギーを示し、それにつられて国民からも批判が起こるだろう。

その理由を筆者なりに考えると、インテリジェンス機関は日本ではまだ戦前の「特高警察」のようなイメージを持っている人が少なからずいることと、これまでの政府の情報開示の姿勢に課題があったため、こうした組織は裏で何かひどいことをしているのではないかと勘繰られるからではないか。

この考え方は時代遅れと言わざるを得ない。世界情勢は変わり、「米中経済戦争」に突入し、「軍民融合」の中国は、「非軍事領域における軍事活動」を強化している。日本とは価値観を共有できない権威主義の独裁国家は何をやってくるか読めない。

そうした中でインテリジェンス機関の動きが制約されていては、時代の流れに合った活動はできず、それでは国民の生命や財産に危害を加える行為を未然に防ぐ力が弱くなってしまう。

こうしたインテリジェンス機関は暇で、不要だと言われる世の中であることが理想には違いない。しかし、それはあくまで理想であって現実は違うのだ。

「フードテロ」に真剣に向き合うべき

経済安全保障に限らず、公安調査庁が従来得意としてきたテロ関連でも、新手の手法が想定されている。それは「フードテロ」だ。

「フードテロ」とは、農産物や食品に毒物などを意図的に混入させて無差別の殺傷を狙う卑劣な行為だ。実は北京五輪やロンドン五輪ではフードテロ対策に神経を尖らせ、専門の担当者を置いていたとされる。

具体的に想定されていたのが、選手村の食事へのテロ行為だ。当然ながら調理場では衛生管理を含めて、外部の人間の入退室の管理は行われるだろう。さすがに、その程度は日本も対策を打つはずだ。

問題は、食材の調達、輸送段階での安全管理だ。テロを目論む犯罪者はそこを狙ってくる可能性が高い。これまで日本がフードテロ対策に無頓着だったのは、食品の安全管理の発想や手法が国際標準からずれていることと関係していた。日本の農業関係者はよく「日本人が作った国内産の農産物は安全安心」と言うが、これは所詮イメージに過ぎない。安心・安全を証明するには科学的根拠が必要との考えに欠けていた。

また、日本の農作業の現場には「研修生」の名目で多くの外国人労働者が来ており、そこにテロリストが入り込む可能性もある。外国人労働者の経歴などを細かくチェックして農家が使っているわけではないのが実態だ。これは外国人労働者への偏見ではなく、あくまでリスクの指摘だ。

農産物や食品の安全管理では、国際的には第三者が認証した規格を用いるのが主流だ。代表的なものに、米航空宇宙局（ＮＡＳＡ）が宇宙食の安全管理に用いたことがルーツとされる「ＨＡＣＣＰ（ハサップ）」がある。加工食品の製造において、材料の入庫から出荷までの厳しい管理が求められる。

農産物では、栽培工程を厳しくチェックし、栽培履歴が管理できやすいように作業内容の記録を小まめに残していく認証規格「GGAP（グローバルギャップ）」などがある。世界の大手流通では、生産者にGGAPの取得を義務付けるのが主流だ。

GGAPでは、農薬散布の工程で誰がいつどの種類の農薬を散布したのかを記録しておかなければならないし、作業に従事する人の経歴も、雇用者が把握しておかなければならない。これは悪意がなくとも、不慮の事態が起これば、誰がいつどのような作業をしたかを把握する狙いがある。

別の見方をすれば、もし、その工程で犯罪行為が行われれば容疑者を特定しやすくなり、それが犯罪の抑止力にもなる。

日本の生産者や流通業者は、第三者による監査などの維持管理コストが必要になることなどから、国際認証の取得に熱心ではなかった。日本人がこうしたリスク管理に敏感ではないのは、「水と安全はただと思っている」とよく言われる考え方と関係している。

さらに、日本は性善説の上にあらゆることを成り立たせる傾向にあるが、それではリスクマネジメントはできない。

たとえば、米ホワイトハウスの調理人は、毎日食材の調達先を変更すると言われている。それは調達先が特定されれば、大統領に出す食事の食材に危害を加えやすくなるからだ。また、海外にある米軍基地では、基地内の料理の食材は米国から空輸されているという。卵のような生鮮食品も「液卵」として空輸されているという。米軍兵士の携行食の材料も、厳しいチェックがなされた米国産のものが用いられる。

公安調査庁・和田長官、かく語りき

こうした話を紹介したのは、これからのテロ対策には幅広い知識が必要になるということが言いたかったからだ。

さらに分野が多岐にわたる経済安全保障でも同様だ。このため、インテリジェンス機関の機能強化や、相互補完という観点からの民間との連携が重要になる。こうした考え方を肯定できるか否かは、リスクに敏感かどうかと相関関係があると筆者は思っている。

公安調査庁の和田長官は、組織の在り方についてどう考えているのか。筆者の単独インタビューに応じてもらった。本章の最後にそのやり取りを掲載する。

筆者：公安調査庁はこれからどのようなことに取り組み、何が課題ですか。

長官：国の安全を守るためには、どのような情報が必要なのか、需要に応じて収集分析をしていきます。国際情勢の中で経済安全保障が我が国の存立において極めて重要になってきており、その情報に関する需要が高まったので、戦力を投下していく考えです。

懸念国による土地取得や技術流出、サイバー攻撃の問題など、経済安全保障で問題となっていることは、従来から調査対象でした。重要施設の周りを、治安をかく乱する目的で行動していないか調査したり、技術が流出して核兵器に使われていないか不拡散の観点から調査したりしていました。サイバー攻撃も新たなテロという位置付け。これまでの調査の一部が経済安全保障に関する意識の高まりで脚光を浴びており、そこに注力していかなければなりません。

たとえば土地取得の問題であったら、重要施設は不便なところに位置する場合もあります。技術流出の件では中小企業が持っている特別な技術が狙われる可能性もあります。地方大学での優れた研究が狙われるかもしれない。公安調査庁は全国組織なので、そこが強みです。

また、国際情勢の変化の中で様々な事案が起こっているために、海外との連携が重要になるが、我々は以前から海外の情報機関とも連携しています。人を通じた情報収集活動の「ヒューミント」も得意としており、オープンソースの情報だけでは知りえない情報を得ることができます。

懸念国のターゲットはこれまで防衛秘密など政府の内部情報が中心だったのが、企業情報や大学の研究成果も狙われるようになりました。民間との連携を強め、どういう情報が狙われているのか、相互に連絡することが重要になっています。

筆者：長官が経団連で講演することはこれまでもありましたか。

長官：講演することはありましたが、過去の講演のテーマは国際テロが多かった。海外に進出する企業がテロに巻き込まれる可能性があるからです。

昨年12月の講演は経済安全保障でした。企業の方に関心を持っていただいたのは、我々が積み上げてきた「カウンターインテリジェンス（防諜）」。要するに外国の情報機関の人間がハニートラップを利用しているなど、企業の情報を盗み出す時も同じ手口が使われるだろうから、企業のリスクマネジメントにとっては重要なテーマなので、関心を持っていただけたのではないでしょうか。

郵便はがき

料金受取人払郵便

牛込局承認

9410

差出有効期間
2021年10月
31日まで
切手はいりません

162-8790

107

東京都新宿区矢来町114番地
神楽坂高橋ビル5F

株式会社ビジネス社

愛読者係 行

ご住所 〒 TEL:　(　　)　　FAX:　(　　)		
フリガナ お名前	年齢	性別 男・女
ご職業	メールアドレスまたはFAX メールまたはFAXによる新刊案内をご希望の方は、ご記入下さい。	
お買い上げ日・書店名 年　月　日	市区 町村	書店

ご購読ありがとうございました。今後の出版企画の参考に
致したいと存じますので、ぜひご意見をお聞かせください。

書籍名

お買い求めの動機

1　書店で見て　　2　新聞広告（紙名　　　　　　　　　　）

3　書評・新刊紹介（掲載紙名　　　　　　　　　　　　　）

4　知人・同僚のすすめ　　5　上司、先生のすすめ　　6　その他

本書の装幀（カバー），デザインなどに関するご感想

1　洒落ていた　　2　めだっていた　　3　タイトルがよい

4　まあまあ　　5　よくない　　6　その他(　　　　　　　　　　　　　)

本書の定価についてご意見をお聞かせください

1　高い　　2　安い　　3　手ごろ　　4　その他(　　　　　　　　　　　)

本書についてご意見をお聞かせください

どんな出版をご希望ですか（著者、テーマなど）

筆者：経済安全保障に関して日本の危機感は高まっていると感じますか。

長官：企業も世間も危機感が高まっているのではないかと思います。最近ではＬＩＮＥ問題などが起こり、ビッグデータの管理の在り方に関して大きく取り上げられたことで、サーバーはどこに置かれているのか、といったことに世間は関心を持ち始めています。

営利目的の企業はビジネスチャンスを優先する傾向にあります。もちろん我々も経済活動を止めるつもりはありません。一方で、米国の取引規制を受けるとか、サプライチェーンから外されるといったリスク考えたうえで、ビジネスをしている企業は増えました。大企業の意識は変わりつつあります。

一方でそれがすべての企業に浸透しているかと言われれば、不安もある。だから我々は情報発信を強化していかなければなりません。

筆者：公安調査庁の活動内容を社会に広めていくことを重視しますか。

長官：もちろんそう考えており、パンフレットや動画も作っています。これまで機微な情報もあるので、紙では渡していませんでしたが、経済安全保障について講演で話すと、何かまとまった資料はありませんかと聞かれるので、カウンターインテリジェンスなどをしっかり理解してもらうために資料を作っています。

筆者：公安調査庁は一般的には怖い官庁のイメージがありませんか。オウム真理教やテロ組織のことは情報収集しているが、企業や大学などへの経済安全保障上の不審な働きかけについても情報収集しているとは思いませんでした。

長官：公安調査庁がテレビに出るとすれば、オウムへの立ち入りの時くらいでした。我々の活動は告知しづらい面があるが、経済安全保障の関係では企業や研究機関などの協力を得ないといけないことがあります。このため公安調査庁はどういうところか知ってもらう必要があり、広報を強化していきます。

筆者：インテリジェンス機関なので、開かれた組織とは言いづらいかもしれませんが、開かれた組織にするといってもいいのですか。

長官：存在を知っていただくということです。

筆者：テレビのＣＭをやるつもりは？　ＦＢＩはＰＲ用にドラマを作っているそうです。

長官：予算規模が違いますから……。

筆者：内閣情報調査室や国家安全保障局、警察庁など他省庁との連携は今後どうなりますか。

長官：連携は強化しています。最終的には政府のための情報機関であって、情報を自分たちが独り占めするのではなく、必要な情報を必要なところに届ける使命があるので、各情報機関が必要なところに上げています。

今までも大量破壊兵器の拡散防止の関係で経済産業省とは連携していましたが、経済安全保障ではさらに関係を強化しないといけません。ビットコインなど仮想通貨の不正利用の問題では金融庁と話をすることも出てくるでしょう。色々な組織とかかわってきます。

これまで経済官庁の方々とは強い連携ができていたとは正直言えない面もありましたが、外資規制を強化した改正外為法の関係では、財務省などとも連携しないといけません。オールジャパンで対応できるようにしていきたい。

筆者：予算や人員が増えたのは、経済安全保障に対応するためですか。

長官：経済安全保障に対応するために増やしていただきました。我々はその期待に応えないといけない。我々自身が科学者になる必要はないが、科学者が書いたものを理解する能力が必要になってくることがあるかもしれません。そういった人材も関係者と連携して育成していきたい。

これまでは語学に優れた人を採用したり、組織内部で鍛えたりして外国文献を読んで情報を取る能力を向上させてきました。今後は同じ観点でＩＴ技術などの面で優秀な人材を採用し、専門家として育てていくことも重要です。専門知識のある人材の中途採用も強化しなければなりません。

筆者：今後、経済官庁から職員を受け入れていくことはありますか。

長官：人材交流は様々な形でやっていく必要があります。公安調査庁は、やや閉じられた役所の一面があって、人材を他省庁に出しても、業務の特殊性から受け入れることはしていませんでした。

しかし、経済安全保障をはじめとして様々な知見が必要な時代、色々な人材を活用するポストを考えていく必要があると感じています。そうした面で今後、他省庁との交流を考えていきたい。

筆者：オウムや過激派の存在感が一時期よりも低下したことに合わせて、公安調査庁の存在感も下がってきたのでは？　経済安全保障を掲げると予算が獲得しやすいのではないですか。

長官：予算のために何かをするのではなく、業務の必要性があるから予算が必要です。今の世の中の動きの中で経済安全保障の重要性が高まっているため、それに対応するためには人とお金が必要になっています。予算は国民の税金によるものですから無駄遣いは許されません。ここは増やしても、ここは減らせという話は出てくる。膨らませて見せているのではなく、必要なことを要求しています。

現場で頑張って情報を取っている調査官が、我々の情報が社会の役に立っていると実感が得られるように、本庁が表に立っていきたい。

非公然組織が世の中を荒らしていた時代には、その組織のことを調べる社会的な需要が放っておいても来ました。経済安全保障の問題は、日常活動の中にリスクが忍び込んでいる。テロのようにある日突然被害を受けるのではありません。

ふだんの業務の中で、ふだん通りに働いていた人が情報を持ち去って消えるとか、普通に受け入れた留学生が懸念国のための研究をしていたとか、最後の部分を除けばみな通常の活動です。それを見つけていくためには企業や研究機関などとの協力関係が必要です。そういう時には公安調査庁が役に立つということを知っておいてもらわないといけません。

5章

自民党の危機感と本気度

国家安全保障局（NSS）内に経済班を新設

多くの日本企業が巨大な中国市場の魅力に引き寄せられ、貿易面でも日中間は互恵関係にある。衣類や雑貨など身の回りには中国製があふれている。

一方で、「一国二制度」を破棄した香港国家安全維持法の制定やウイグルでの人権抑圧など、最近の中国の動向を見ていると、これまで以上に共産党の綱領や判断が、法や人権より上位に位置する状況になっている。これでは日本とは価値観が共有できない国と言わざるを得ない。

日本は少子高齢化が加速することの影響を受けて、今後、経済力（国力）が高度成長期のように飛躍的に上昇することはないだろう。これに対し、中国の経済成長は緩やかになってきたとはいえ当面続く。コロナ禍の中でもプラス成長を維持し、このままでは2028年頃にGDPで中国が米国を抜き去り、世界首位に躍り出るとの試算が出ている。

地理的に非常に近い日本は、この強国にどう対峙していくかが、これからの大きな政治的課題の一つになるだろう。そうした状況下では、外交、経済、防衛などを束ねた大きな戦略の下に、個々の施策を実行していくことが重要になる。中国への対応を巡って自民党内では今まで以上に危機感が強まり、新しい発想で動く議員たちがいる。

２０１９年5月29日、官邸の執務室で安倍晋三首相と、経産相やＴＰＰ（環太平洋パートナーシップ協定）担当相などを歴任した商工族のドンである衆議院議員の甘利明氏、同じく自民党衆議院議員の中山展宏氏が３人だけで向き合っていた。

「日本はいま安全保障と経済の両施策を融合させる米国のＮＥＣ（国家経済会議）のような組織が必要です。日本版ＮＳＣ（国家安全保障会議）設立の際には議員立法での対応も検討しましたが、急を要しています。次善の策としてＮＳＣの中にＮＥＣの機能を持たせるのはいかがでしょうか」。甘利氏がこう切り出した。

「必要なのですね。分かりました」と総理がその場で即決して方向性が固まった。安倍氏の政治家としての強みは、物事を俯瞰して本質を捉える戦略眼だと言われる。たとえば「自由で開かれたインド太平洋戦略」は16年に安倍氏が初めて打ち出した構想で、その本質は中国の台頭を意識して太平洋からインド洋までの安全なシーレーンの確保や該当地域との経済連携の強化などにある。中国が進めてきた「一帯一路」戦略への対抗だろう。

一方の甘利氏は、これまで農水省や経産省がばらばらに対応してきた貿易交渉で初の全権委任大臣としてTPP交渉をまとめ上げ、新たな通商ルールを作った実績がある。中山氏は証券会社の金融市場分析、国債・金融デリバティブのディーラーなどを経て代議士に転じたキャリアだ。

経済安全保障政策を進めていくうえで重要な戦略眼、仕掛けのためのルール作り、グローバル経済が分かる国際金融のプロがそれぞれ集まったことで、話は一気に進んだのだろう。半年後の10月31日に政府は、内閣官房国家安全保障局（NSS）内に新設する経済班の準備室を設置した、と発表した。14年に新設されたNSSは、首相が議長を務めるNSCの事務局をしている。局長は警察庁出身の北村滋氏だ。

一本釣りされたトップ・藤井敏彦氏

さらに約半年後の20年4月1日、NSSの中に経済安全保障の司令塔となるべく経済班が正式に発足した。担当の班長を務める内閣審議官には経産省大臣官房審議官（製造産業局担当）の藤井敏彦氏が抜擢された。当初は財務省からの起用が有力視されていたが、経産省からの起用となった。

この経済班の誕生を最も喜んでいるのが同盟国の米国だ。米国側は「日本にやっとNECのカウンターパートナーができた」と歓迎しているそうだ。というのもNECは効果的な経済制裁を「飛び道具」として使う。バイデン政権では有名な金融制裁のプロがNECメンバーに起用されているという。同盟国同士で経済制裁の歩調を合わせていくためにも、カウンターパートナーとなる窓口が求められていたのだ。

経済班のトップは、経済（通商）、防衛、外交、企業動向、外為法（財務省と経産省の共同所管）、入国管理法（法務省）などに幅広い知識と経験があり、他省庁や企業との調整ができる「スペシャリストであり、かつゼネラリストであることが求められた」（与党関係者）。

経産省から選んだというよりも、どうやら藤井氏が一本釣りされたようだ。公開されている藤井氏の経歴を見ると、その意図について頷ける。1987年に通産省に入省後、主に通商政策畑を歩んできた。94年に米ワシントン大学でMBAを取得後、00年には在欧日系ビジネス協議会事務局長に就任。このポストは対欧州のロビー活動の拠点だ。

10年に通商政策局通商機構部の総括参事官に就任し、WTO（世界貿易機関）やTPPでの交渉、レアアース（希土類）調達などを担当した。13年に通商政策課長に就いた。17年には防衛省に出向し、防衛装備庁長官官房審議官を務めた。

安全保障にかかわる防衛政策に通じ、通商畑の経験から世界との交渉にも長け、製造産業局を担当してグローバル企業の動向に詳しい。この専門性に加えて、複数の省庁やロビイストの経験でバランス感覚を有しているのだろう。このポストに求められた「スペシャリスト兼ゼネラリスト」といった要件に合致する。

藤井氏は通商政策課長時代の14年に、霞が関でも注目されたルール形成戦略室を課内に新設。そこではミャンマー政府が日本の車検制度を、あるいはベトナム政府が日本の省エネ基準をそれぞれ導入してもらうような戦略が練られた。日本が支援して途上国の課題を解決しながら、日本製品が普及しやすくなることを狙った。

途上国に対する経済的な援助と日本の国益を組み合わせる発想だ。グローバル社会の中で経済安全保障を考えていくうえでは重要になる。市場を取るという意味だけではなく、こうした発展途上国は、経済力に関係なく国連では1票を持っているからだ。

ウィン-ウィンの関係を構築することで国連の専門組織のトップ人事を選挙で決める際に、日本が推す候補に支援をもらえる可能性が高まる。

賢くしたたかに中国と向き合う

さらにキャリアを調べていくと、『競争戦略としてのグローバルルール』（東洋経済新報社）という氏が書いた一冊の著書に当たった。そこでこう問題提起している。

〈グローバル競争の本質は、価格や品質の競争の地理的範囲が広がったことにあるのではない。異質なプレーヤーとの思考方法や世界観の競争なのだ。今、日本のビジネスパーソンが世界で戦うために必要なこと、それは英語や会計知識にも増して、競争相手の思考方法を理解すること、みずからの世界観を持つことである〉

こうした視点こそ、経済安全保障に求められると筆者は思う。日本で経済安全保障という考え方が重視されるようになったのは、国力を増し世界で台頭する中国の脅威があるからだ。中国と、日本を含めた先進主要7カ国「G7」は価値観を異にする。

強大な中国の軍事力に備えることも当然重要だが、中国の価値観、思考回路、手口を明確に理解し、それを個別の事象ごとではなく、総合的な国家戦略の下、価値観を一にする同盟諸国と連携しながら、臨機応変に素早く対応することが求められているのだ。

これを端的に言えば、日本という国家が一丸となり、現実を直視しながら危機感を持って、賢くしたたかに中国と向き合うことが重要になってきている、ということだ。単にイデオロギーから騒ぐのではだめだ。

断っておくが、経済安全保障は中国との友好関係を崩すことが目的ではない。それははっきりと言っておこう。友好関係は大事にしながらも、隙を見せずに毅然とした態度と抜かりのない防備が必要になっているのだ。

ところで経済安全保障に関しては、外務省の存在感があまり感じられない。安倍首相の周辺では「外務省の重鎮がいる限り経済安全保障への対応はできないだろうな」といった批判が出ていたという。その重鎮とは、元外務次官の谷内正太郎氏と見られる。氏はNSCの初代局長を19年9月まで務めた。経済班の準備室新設は谷内氏の退任直後だ。氏は経済班の新設に前向きではなかったのであろう。

筆者の独断や偏見が含まれるが、安全保障に関して外務省や防衛省はまだ考え方が古いのではないか。外務省は石油など資源がある地域の、防衛省は尖閣諸島や北朝鮮などリアルな動きがある地域の動向をそれぞれ注視する。

それはそれで非常に重要なのだが、経済制裁、サイバー攻撃、情報窃取といった経済ツールを活用した「新たな手段による戦争」に対応する視点がないと、本物の攻撃を受ける前に丸裸にされてしまう。いまの世界情勢ではそれくらいの危機感を持つべきだ。

外務省や防衛省が「古典的戦争」のことしか理解していないとすれば、経済安全保障の本質は摑めないだろう。

20年10月、就任後初めて行った菅義偉首相による所信表明演説には経済安全保障の文言が盛り込まれた。首相が公の場で口にするのは初めてだった。

幸先のよいスタートを切った経済班

この経済班が発足してから1年余が経過した。いま何をしているか。周辺関係者や報道で得られた情報から追ってみた。

経済班は藤井氏の下、4人の参事官（課長級）がいて、総勢20人程度の組織だと見られている。参事官には財務省関税局総務課長だった泉恒有氏、外務省軍備管理軍縮課長だった石川誠己氏、総務省データ通信課長だった山路栄作氏、警察庁警備課理事官だった山本将之氏が起用され、各省庁ともエース級を送り込んできたとされる。山路氏は新しい移動通信システム「5G」に詳しいようだ。

昨年の発足当初は、新型コロナウイルスの蔓延による緊急事態宣言が出された後で、国民はマスク不足に悩んでいた時期だった。経済班は早速、その水際対策などコロナ対応で機能した。

入国管理は法務省、感染情報を渡航者に知らせるのは外務省といった具合に水際対策が複数の省庁に分かれていたので、その間を調整した。当時、治療薬として有望と言われていた「アビガン」の供与では、厚生労働省と外務省の間を取り持った。

新型コロナのようなパンデミックは、防疫や薬などの必需品の調達面で国防級のリスクマネジメントが求められる。トランプ政権以前は米国のNSCの中にもパンデミックチームが置かれていた。経済班は幸先のよいスタートを切った。

1章で触れた「楽天事件」で、楽天が行った第三者割当増資に関してテンセントからの振り込み日が当初予定からずれたのも、この経済班が動いて早急のチェックをしたからだと見る向きは多い。

経済班には精鋭が集まったとはいえ、20人程度の小所帯では処理能力にも限界がある。そんな中で難題が迫りつつある。これまで必要性が指摘されながら誰も手を付けられなかった分野に関しての案件だ。

まず、22年の通常国会で提出を目指す「経済安全保障一括推進法（仮題）」の調整役としての仕事だ。これはどんな法律なのかイメージがわきづらいが、業法の中には経済安全保障に関する規制条項がないケースがあり、それへの対応だ。

業界に対しての丁寧な説明も必要になるだろう。内閣官房は法案を提出できない。どの官庁にその役目を負わせ、肝心の法案内容もどうまとめるのかを調整していくのは難しい作業だ。与党内には、あの人員数で事足りるのかといった見方が出ている。

業法や規制での対応は、重要な問題だと筆者は考える。企業を法や規制で縛り過ぎることには反対だが、経済安全保障の問題だけはそうとも言えない。

楽天に対しては、経済安全保障条項に対応した業法がないため、外為法でしか縛りがかけられない。同じく1章で触れたＬＩＮＥに対しても業法がない。

業法とは、公共の福祉のために本来自由であるべき企業活動に対して、規制をかけるための根拠を与える法律だ。代表的なものとしては銀行法や電気事業法などがある。言い方は適切ではないかもしれないが、経済安全保障に関する規制がない業界では、経営判断の下にやりたい放題だ。ヤフーも同様だ。

一方で、こうした「プラットフォーマー」は今や生活インフラの一部となっており、公共の福祉に資する産業だ。悪意ある外資に買収されたり、情報が漏れて悪用されたりすれば、国民生活に影響を与えるリスクがある。経済安全保障に関する規制を全産業に網羅的にかけていくことは大きな課題だ。

コンサルティング会社という業法の抜け穴

業法について言うと、コンサルティング業界にはない。たとえば、金融庁の監督下に置かれる監査法人や会計事務所に対しては公認会計士法や税理士法といった「士業」を規制する法がある。しかし、大手会計事務所の傘下にあるコンサルティング会社は規制の対象外だ。そうした組織が「抜け穴」となっている。

こんな記事が出ていた。

「防衛省の将来戦闘機の開発計画に中国政府の影響が強いとみられる企業がかかわっていたことが発覚した。防衛省は同社と調査研究の契約を結んでいたが停止した」（19年6月21日付日本経済新聞朝刊1面）

筆者が取材すると、防衛省から事実上の出入り禁止処分を受けたのは、デロイトトーマツコンサルティング合同会社だと分かった。同社は組織改編で18年からデロイトアジアパシフィック（デロイトＡＰ）の管轄下に入った。デロイトＡＰで日本を統括するシンガポールの拠点にいる幹部に中国人民協商会議の幹部がいることが分かり、そのことを防衛省が重く見たようだ。

同会議は中国統一戦線工作部の依頼を受けて動く組織。中国共産党中央委員会に所属する統一戦線工作部はチベット解放運動への工作など少数民族への対策を担っているほか、最近は共産党と民間企業の連携を推進する「軍民融合」戦略の先兵役を務めている組織の一つだ。

たとえデロイトＡＰと日本の法人との間に機密情報を遮断する仕組みが入っていたとしても、人の口に戸は立てられないというように、漏洩するリスクが全くないわけではない。情報漏洩が起こらないように企業に責任ある行動を求めるのが業法の意義だ。

しかし、デロイトトーマツコンサルティングは、金融庁管轄の大手監査法人、デロイトトーマツ合同会社の下部組織だが、同庁はコンサルティングを管轄外とみなしている。防衛省で問題が露見したものの、業法がない現状では野放しにされているのに等しい。

ただ、民間側にも経済安全保障に対応する動きが出始めた。「財界総本山」の日本経団連が、経済安全保障について情報交換などを推進する一般社団法人「国際経済外交総合戦略センター」を新設する計画だ。4章で述べたように、公安調査庁と民間企業の連携も強化され始めている。こうした動きが加速すれば、業法の中に経済安全保障に関する条項を入れる必要性の理解は深まってくるのではないだろうか。

自由な競争の下、企業が切磋琢磨しながら価格や品質、サービスの内容を競い合う方が消費者にはメリットがある。規制によって企業の意思決定が遅れれば競争力にも影響するだろう。このため、原則、企業を規制でがんじがらめにすることに筆者は反対だ。

しかし、これまで繰り返し述べてきたように、今の世界情勢は「米中経済戦争」の状態にあり、中国は「軍民融合」戦略の下、自国が覇権を握る新たな世界秩序を構築しようとしているように見える。「有事」の足音も迫る中、経済安全保障に関しては悠長なことを言っている状況ではない、というのが筆者の認識だ。

続いて経済班が取り組むと見られるのは、情報を公開しない「秘密特許制度」の新設だ。現状の特許法では特許は原則公開される。これだと「軍民融合」戦略におけるデュアルユースの時代に、いとも簡単に民間企業が開発した新しい技術が軍事転用されることになる。

北朝鮮の核開発は、日本のウラン濃縮に関する公開特許が活用されたとの見方もある。主要20カ国の「G20」の中で、秘密特許制度を持っていないのは、日本とメキシコだけと言われている。

一方で、特許が公開されないと、第三者が利用できないため、発明者に特許収入が入らないなど経済的な利点が削がれ、それが新技術開発の意欲を喪失させる可能性がある。さらには秘密特許の権利保持者には守秘義務が課せられるため、周辺技術の開発に参加する人が制約され、技術の応用範囲が広がらないかもしれない。そもそも秘密特許扱いにする機微技術とはどんなものかを定義することも難しい。

米国では秘密特許に指定されると、その特許が公開された場合に得られたであろう経済価値を予測して税金で買い取られる形となる。

経済班に課せられたミッションは重いが、経済安全保障を重視していくこれからの時代において欠かせない仕事の一部だと筆者は考える。メディアも国民も単に批判するだけではなく、国益保護の観点から見ていくべきだ。

広がっていく「ルール議連」の影響力

この経済班の創設については、本章冒頭で紹介した、安倍、甘利、中山の3氏による会談が事実上のキックオフとなったわけだが、それまで自民党内で用意周到に経済安全保障に関する政策を練ってきたのは、甘利氏が会長を務め、中山氏が事務局長を務める「自民党ルール形成戦略議員連盟（ルール議連）」だ。今でも地道な活動を続けている。

甘利、中山両氏はともに神奈川県内を地盤とする。自民党内の派閥は同じ麻生派で気脈を通じ、ルール議連にかける熱い思いを共有している。防衛族や外交族の視点にはほとんどない、「軍民融合」戦略によって経済ツールを「武器」に使う中国の脅威に対峙することに、議連活動の焦点を合わせた。

特に中国がデジタル技術を駆使して共産党による国内統治の強化、ひいては世界支配に使おうとしているとの危機感が強かった。公式の場では「中国」という言葉を極力使わず、「価値観の異なる国」と表現している。

そのルール議連は17年4月12日に発足した。そこから約2年間の活動を経て安倍首相との面談に至った。ルール議連の正式会員は約80人だが、実際には自民党所属の国会議員の4割近い140人ほどが参加しているとのことで、甘利、中山両氏の思いがじわりじわりと自民党内に浸透していった。

これまでルール議連の会合に招聘した専門家は錚々たる顔ぶれで、テーマも時宜にかなったものだった。1回目の会合のテーマは「安全保障経済の積極的外交戦略」。講師は米ブッシュ政権時代に東アジア担当の大統領特別補佐官を務めたマイケル・グリーンCSIS（戦略国際問題研究所）上級副所長だった。

このCSISは国家安全保障に関する研究では世界トップクラスのシンクタンクで、日本でも名前が知られるキッシンジャー元国務長官やアーミテージ元国務副長官との関係が深い。4月16日から訪米した菅義偉首相はCSIS主催でオンライン講演を行ったばかりだ。

20年6月18日の会合のテーマは「国際機関の中立性・公平性と我が国のプレゼンス」。前国連事務次長で国連事務総長特別顧問の高須幸雄氏を講師に呼んだ。これは「中国による国連支配」を問題提起するためだった。

この他にも「人民元の国際化・デジタル化の見通し及び国際金融システムへの影響につ

いて」がテーマの際には、中国がドル決済に代わる新たな通貨覇権を握ろうとする動きなどについて議論された。

金融、病院、旅行など、日常生活に関するリスク

筆者がもっとも興味深かったのは、20年7月28日のテーマ「報道で懸念が示されている中国リスク」だった。ニュースで紹介された事案から、リスクを多面的に議論した。日常生活に近く、よく考えるとぞっとするような話が多かった。

まず目を引いたのは、日本のSBIホールディングスが19年から始めた中国の金融コングロマリット「平安グループ」との合弁事業に関するニュースだった。同グループのフィンテックサービスのプラットフォームを日本の地方銀行向けに改修して提供するという。平安グループのクラウドシステムを使うことで、日本の融資先企業の財務情報や日本国民の与信情報が中国側に筒抜けになる恐れはないかと問題提起された。

続いて20年3月から聖マリアンナ医科大病院が始めた新型コロナウイルス感染症が疑われる患者の胸部CT（コンピューター断層撮影装置）画像の遠隔診断サービスに関するニュ

ースに関しては、中国アリババ系のクラウドを利用することが問題視された。センシティブな個人の医療情報が中国に把握され、そうした情報が中国側のワクチン開発に利用される可能性があるからだろう。

最後に米国が欧州に対し、中国の保安検査機メーカー、ニュークテック社製の機器の排除を求めたニュースだ。欧州の空港ではすでに50%のシェアを持つとされ、日本の一部空港でも導入されている。同社は中国の胡錦涛・前国家主席の息子が経営していた時期があった。パスポート情報などと組み合わされて移動情報が中国に監視されるリスクや、遠隔操作で密輸できるリスクが指摘された。

いずれも特殊なケースではなく、金融、病院、旅行といった日常生活に関することであり、そこで個人情報が覗かれたり、悪用されたりするリスクをはらんでいる。中国が「軍民融合」戦略の下で進める「非軍事領域における軍事活動」では、十分にターゲットにされる領域だ。

SBIは21年3月5日、平安グループとの合弁を解消すると発表した。この経済安全保障の問題が影響したと見られる。

ルール議連は、単に議論するだけではなく積極的な政策提言も行っている。20年10月には官邸で菅首相に対して、外国製アプリを通じた情報漏洩防止や積極的な国連幹部ポストの獲得についての提言をした。経済安全保障に関しては、ルール議連がシンクタンク的な機能を果たし、NSS経済班が「実行部隊」のように筆者には映る。

提言「経済安全保障戦略の策定に向けて」

経済安全保障を巡っては与党内にもっと大きなウエーブが来ていた。20年春のことだ。甘利氏に一本の電話が入った。「甘利さん、新しく作る組織の指揮を執ってくれませんか」。電話の声の主は、当時自民党の政務調査会長だった岸田文雄氏だった。ポストコロナの時代に日本の強みと弱みを洗い出したうえで新たな政策を提言するための組織を引っ張っていって欲しいという依頼だったのだ。

コロナ禍が収束すれば、デジタルトランスフォーメーション（DX）が一層進み、人々の価値観や企業動向は世界的に大きく変化する。国際政治の場では新たな覇権を構築しようとする国が出てきて、民主主義を基盤とする国々 vs. 権威主義の国々の対立の構図は深まり、世界の秩序は変わるかもしれない――。甘利氏は、こうしたビッグピクチャーの上で政策を作るのであれば引き受ける、と岸田氏に答えた。

その組織が20年6月に自民党本部に創設された新国際秩序創造戦略本部だ。本部長に岸田氏、座長に甘利氏がそれぞれ就任した。政策作りは甘利氏が主導した。組織の立ち上げを推進し、突破力に定評のある山際大志郎政調会長代理が同本部幹事長に、財務省出身で省庁との調整能力が高い小林鷹之衆議院議員が同本部事務局長にそれぞれ就任した。これに前述したルール議連事務局長の中山展宏氏を加えた甘利氏以下の4人が「チーム甘利」として与党内の議論をリードした。計13回の会合が開催され、テーマはほとんど経済安全保障に関することだった。

立ち上げからわずか半年余り経った12月16日、「経済安全保障戦略の策定に向けて」と題する提言が発表された。自民党が経済安全保障政策を初めて打ち出す歴史的な日となった。

提言書の冒頭部分にはこう記されている。

〈歴史を振り返れば、かつてはエネルギー等の資源を巡って国家間で多くの争いが繰り広げられてきた。このような時代には、国家の生存の基盤を他国に依存することのリスクは敢えて「経済安全保障」と言わずとも明確であった。しかし、最近では国家の生存の基盤をなす分野が資源のみならず、特定の製造能力や技術、さらにはデジタルトランスフォーメーション（DX）が進む中でサイバー空間にまで広がっている。
かかる状況において、国家の独立、生存及び繁栄を確保し、また、自由や民主主義、基本的人権の尊重といった普遍的価値やルールに基づく秩序を維持し、同盟国やこれらの規範を擁護しようとする同志国と連携していくためには、より高次の戦略的発想が必要とされる〉
そして、重点的に取り組むべき16の課題と対策を掲げた。少し長くなるが、紹介する。

・資源・エネルギーの確保
・海洋開発
・食料安全保障の強化
・金融インフラの整備
・情報通信インフラの整備
・宇宙開発
・サイバーセキュリティの強化
・リアルデータの利活用推進

・サプライチェーンの多元化・強靭化
・わが国の技術優越の確保・維持
・イノベーション力の向上
・土地取引
・大規模感染症への対策
・インフラ輸出
・国際機関を通じたルール形成への関与
・経済インテリジェンス能力の強化

これらを見ると、ルール議連で議論されてきたことが多い。ルール議連の活動が昇華してこの提言が実ったように見えてしまう。これからは、課題に対処し、政策を実行に移すことが肝要になる。予算の問題や省庁間の縄張り争いなどが想定され、苦難も伴うだろうが、絵に描いた餅に終わらせてはいけないと筆者は言いたい。

と同時に、これらを着実に実行できれば、戦後の経済政策が総括できるうえ、ポストコロナの新しい時代に日本という国家が世界にどう向き合っていくべきか、道筋が明確に見えてくると感じた。「国家の背骨」となるべき戦略だと言えるだろう。

米国における信頼できる「仲間づくり」

こうした経済安全保障戦略を支えている政治家は、甘利、中山両氏だけではない。17年から20年まで、首相補佐官（国家安全保障に関する重要政策担当）、自民党総裁外交特別補佐を務めてきた薗浦健太郎衆議院議員もその一人だ。補佐官や特別補佐時代に世界を飛び回り、各国の安全保障関係者らとの人脈を構築してきた。

20年春に米国に出張した時のことだ。ワシントンでは通信、航空、金融、医療などの重点分野で弱みを洗い出し、それに対応する法案を作ろうとしていた。通信や輸出管理については、国防総省が主導権を握っていることも分かった。

日本はちょうど新型コロナ対応で、ワクチンなどのサプライチェーンの課題が浮上していた時期。国の足りない点を洗い出し、早急に対応すべきだとの危機感が募った。

薗浦氏は、南太平洋に浮かぶ島国、フランス領ニューカレドニアに出向き、そこでフランスからの独立運動の背後に中国の影があることを現実的な脅威として目の当たりにした。マクロン仏大統領も、このニューカレドニアの動きを感知し、インド太平洋地域における中国のプレゼンス増強に対して危機感をもったと言われる。

1997年まで香港を植民地にしていた英国も、返還時に中国と約束した「一国二制度」が反故にされたのを見て、フランスと同様の危機感を抱いているようだ。英国はいま、成長が期待されるアジアへの投資に関心がある。危機感と価値観を共有できる国とビジネスで手を組んで利益を分かち合うことも経済安全保障上重要になる。

そのための「仲間づくり」で汗をかくのが薗浦氏だ。数多くこなした海外出張では安全保障関係者だけではなく、ワシントンで開催された全米知事会に出席するなど米国の州知事とも積極的に会談した。

こうした州知事から将来の大統領が出るかもしれない。薗浦氏もこれからもっと上のポジションに立つ可能性がある。お互い政治家として国家の命運を握るような高いポストに就いた時、トップ同士がいかに腹を割って話し合えるかは外交上重要だ。

薗浦氏は、シカゴ市長だったラーム・エマニュエル氏との人脈がある。氏は新しい駐日大使の候補だ。対日外交の前線基地である大使館のトップがもしエマニュエル氏になれば、日米同盟強化にとっては追い風となるだろう。

薗浦氏が人脈構築で実績を積み上げることができたのは、安倍氏が長期安定政権を築いてきたことが大きく影響している。長期政権だったことで海外でも安倍氏の名前がよく知られていたため、名刺に英語で安倍氏の補佐官と書いているだけで細かく立場を説明しなくても受け入れてもらえた。それと政権が安定していたので、自由に海外に出やすかったということだ。

さらに安倍氏自身が安全保障に関する人脈づくりに熱心で、日本の防衛大学に留学経験のある海外の軍人を招いてレセプションパーティーを開いていた。

真の外交人脈の構築は一朝一夕にはできず、細かい付き合いの積み上げによってできるものだ、と筆者は考えている。民間企業でも同じだ。トランプ政権時代、トヨタ自動車は大統領とは深い関係はなかったが、ペンス副大統領とはパイプがあったとされる。インディアナ州にはトヨタの大工場があり、同州知事だったペンス氏とはその時から交流があったからだ。

経済安全保障とは、エネルギーや食料、医療、製薬、金融、通信、物流、教育・研究など安定的な国民生活を送るうえで必要不可欠な基盤を、中国など価値観を共有できない国の脅威から守ることでもある。そのためには、ポストコロナに入り、地政学的勢力図の変化が予想される中、グローバル社会において信頼できる「仲間づくり」が大切になってくる。

人事による国連の「中国支配」と「千人計画」

初代女性活躍相や参議院自民党政策審議会長などを歴任後、現在は自民党広報本部長を務める参議院議員の有村治子氏は、新国際秩序創造戦略本部の活動が本格化する前からすでに国会において、経済安全保障に関する質問を展開していた。

20年6月2日、参議院財政金融委員会でのことだ。氏の公式ＹｏｕＴｕｂｅでその模様が公開されている。新型コロナウイルスの発生源として世界をかき乱している中国とどう対峙するのか、与野党ともに公式な議事録が残る場ではほとんど論じないことに有村氏は危機感を募らせていたのだ。

中国が経済的援助を梃子にして国家的意図を各国に迫る実態が経済安全保障と関係していることを指摘し、有村氏はこう切り込んだ。

「たとえばノルウェーが10年、中国の人権活動家である劉暁波氏にノーベル平和賞を贈った際に、中国がノルウェーからサーモンの輸入を止めたことは、食糧を『武器』として使っていると見るべきだ。

従来の安全保障は陸海空の伝統的な防衛力によるものが前提だったが、これからは国民生活に直結する経済や技術、公衆衛生などの経済安全保障分野が主戦場になる。コロナ禍で加速した米中の緊張関係も、物理的な軍事的緊張というよりも経済安全保障での熾烈な情報戦や心理戦だ」

「軍民融合」を進める中国の「千人計画」が単なる学術研究の交流ではないことも指摘し、日本政府に警鐘を鳴らした。中国が世界をリードする科学技術強国になるために、海外から優秀な研究者や技術者を集める「千人計画」の問題点を初めて取り上げた国会質問だった。

有村氏は、大学など学術研究の分野で安全保障の視点が生かされていない危険性を文部科学省にこう問題提起した。

「中国共産党が推進する『千人計画』に日本から少なからず優秀な人材が流れている。技術の『軍民融合』を加速させる中国に、日本の先端機微技術が不当に窃取されれば、日本全体の稼ぐ力や安全を脅かす脅威となって跳ね返ってくる恐れがある。日本にとっては由々しき事態だ。国民の税金による公的資金で支えられている大学や研究機関は、国民の利益や安全と無関係ではいられないはずだ」。

こうした指摘は、文科省が「千人計画」の動向を全く把握していなかった実態をあぶり出し、その後策定された「統合イノベーション戦略２０２０」では、公的資金を受ける研究については、外国資金の受け入れ状況の開示などを求め、外国の影響を透明化していく方針が初めて明記された。さらに日本の研究環境の魅力を引き上げるべきとの論議を呼び起こし、10兆円規模の研究支援ファンドの創設につながっていった。

続いて有村氏が力点を置いたのが、国連幹部人事における中国の影響力の急増についてだった。これまでも述べてきたように、国連の15の専門機関のうち国連食糧農業機関（ＦＡＯ）など4組織のトップに中国人が就いており、いずれも中国が世界の覇権を狙ううえで戦略的に重要な分野を抑えていると、有村氏は指摘した。

たとえば、国際電気通信連合（ＩＴＵ）では新しい移動通信システム「５Ｇ」の標準化を決めた実績があり、現在は人工衛星軌道の新しいルール作りも手掛けている。有村氏には、ＩｏＴの時代に通信分野と、これから進む宇宙開発で中国が技術覇権を狙うための布石に見えた。

ハイジャックやテロ対策の条約作成、国際輸送の安全・保安に関する国際標準などを作る国際民間航空機関（ＩＣＡＯ）では、中国人がトップに就くと、それまでオブザーバー参加していた台湾が総会から排除されている。

また、開発途上国の持続的な経済発展を支援する国連工業開発機構（ＵＮＩＤＯ）からはすでに米英仏加の４カ国が脱退しており、その隙間を埋める形で中国の存在感が高まっている。資金を相手国に融資し、返せないと見るや、後で借金のかたとして港湾などの重要施設に租借権の設定を持ちかける、中国の強引な経済援助のやり方が目立つ。地政学的に重要な途上国に対して、いわゆる「債務の罠」を仕掛けているわけだ。

「国際専門機関のトップのポストに選出されるためには、専門性や交渉力、語学力に加えて、内外で通用する肩書が重要。中国や韓国は国益をかけて、極めて優秀で博士号を持つエース級人材を戦略的かつ組織的に送り込んでいる。日本にはこうした視点が欠けている。国益を担う人材を育て、処遇していくことをもっと考えなければならない」と有村氏は訴えた。

これまで紹介してきた自民党の政治家の動きを見ていて、政治家とは単に国民受けがよい人気取りの政策をやることが仕事ではなく、国益を担い、守り、育てていくことが大きな仕事であると改めて感じた。

そして、国民に迫る危機をオブラートに包んで見て見ぬふりをするのではなく、その危機の本質を国民に示し、自ら先頭になってそれと対峙していくことが求められている。

経済安全保障は、一般の国民にはまだ理解しづらい面もあるだろう。特に日本人は、これまでの考え方を変えて、新たなリスクに対応することが得意ではない傾向にある。だから経済安全保障政策を進めても、率直に言って票にはなりづらい。それでも、国益のために経済安全保障政策を進め、火中の栗を拾おうとする政治家に敬意を表したい。

6章

経済安全保障のプロたちの活躍

多摩大学ルール形成戦略研究所

前章では、自民党内で初めて経済安全保障政策が打ち出されるプロセスについて説明した。おさらいで少し振り返ると、自民党内にルール形成戦略議員連盟が2017年4月に発足し、そこで経済安全保障に関して多面的な議論が行われ、議連としての提言が打ち出された。その議論や提言は、自民党本部に設置された新国際秩序創造戦略本部が20年12月に打ち出した、「経済安全保障戦略の策定に向けて」という、国家としての包括的な戦略を示す提言につながった。

新国際秩序創造戦略本部は政務調査会傘下にあり、ここから発信する提言は、正式に自民党の政策として位置付けられたことを意味する。今後、国会において経済安全保障に関する新たな法案が提出されたり、法案改正が議論されたりすることになるだろう。

新国際秩序創造戦略本部・ルール議連の自民党チームと、司令塔となる国家安全保障局（NSS）経済班が連携しながら経済安全保障政策を展開していくことになるのだが、もう一つカギを握る組織がある。それは多摩大学ルール形成戦略研究所だ。

これまでの取材を通じて筆者は、この多摩大ルール研の存在がなければ、経済安全保障に関する政策が与党から正式に打ち出されることはなかっただろうと思っている。このため、自民党チームとNSS経済班に多摩大ルール研を加えた3つの組織を、筆者は経済安全保障政策「三本の矢」と呼ぶ。政治、官僚、民間ががっちりかみ合ったという意味だ。

本章では多摩大ルール研が果たした役割と意義を論考していく。そこからは日本が抱える新たな課題も浮かび上がってくる。

「アメリカは原子力発電の設備を造るウェスティングハウスを東芝に売却した。これから二酸化炭素の削減が世界的に求められる中で、二酸化炭素が出ない原発の技術を日本に売っても大丈夫なのですか」

07年、当時、外資系コンサルティング会社のコンサルタントだった國分俊史氏は、クライアントからの依頼で米国のシンクタンクを調査のために回っていた時、名だたるエネルギーの専門家にこんな質問をした。東芝によるウェスティングハウスの買収が前年の06年だったからだ。

この質問に対して専門家は「アメリカに原子力潜水艦の優秀な技術者が何人いるのかご存知ですか。アメリカを見くびらないで欲しい」と答えた。

エネルギーの専門家が環境政策を考える時に原潜の技術者の数が頭に入っていることに國分氏は正直驚いた。続いて、「排出権の取引制度が本格導入された場合、日本は再生エネルギーの割合が低いので、日本全体で2兆円くらいの負担増になるかもしれず、大変なことになるが、どう思いますか」と聞いてみると、次も「たった2兆円？　アメリカはアフガニスタンとイラクへの軍事投入でいくら資金を投じたと思っているの」といった答えが返ってきた。

ここでもその専門家が、環境問題と軍事予算を絡めながら答えることに驚いた。それで國分氏は米国のことを調べたら、経済と安全保障を一体化して考える体制が整っていることが分かった。その1つがクリントン政権時代の93年にできた国家経済会議（NEC）で、国家安全保障会議（NSC）と連携を取り合っていた。

自国だけが利するようなルールを作る時代

この國分氏が現在、初代の多摩大ルール研所長を務める。一見何気ないやり取りのような感じもするが、國分氏は経済と安全保障を一体化する米国の考えが気になって仕方なかった。ただ、頭の片隅においておくだけで、次の大きな仕事は11年に起こった東日本大震災の復興プロジェクトに向かった。当時、政権与党だった民主党国家戦略局からの依頼を受けて、復興構想のアイデアを練ることになったのだ。

そのプロセスで國分氏は課題に気づいた。国と企業の双方でイノベーションを促す「復興特区で作ることが有効なルール」を議論したが、新しい発想がどちらからも出てこなかった。

大企業約20社を集めたコンソーシアムでは國分氏が、どのような新しいルールや仕組を作ったら福島県に対して投資しますか、と聞いてみても、ノーアイデアだった。それどころか、新たな投資戦略を考えるはずの場が、陳情の場と化してしまった。

これまでの日々で抱えている現場の問題に対処する場ではなく、未来について、震災をばねにして全く新しいことをやろうとしているのに、これは一体何なんだと、國分氏は感じた。

したたかな企業ほど自らルールを作る。かつてのソニーは、種類株の一種で特定の事業の業績を株価に反映させる「トラッキング・ストック」を導入した時期があるが、当時の日本は商法（現会社法）では明確に定義されていなかった。ソニーの導入から半年後に商法が改正された。企業の行動に法が追いついたという形だ。

新興国などルールがない市場でルールを自ら作るくらいの気概がないと、世界の企業とは互角に戦えない状況が加速した。国家も同じだ。政治家や官僚も同様の感覚がないと国益は守れない。

たとえば自然エネルギーの比率が高い欧州は現在、自地域が有利になるように、二酸化炭素の排出を製品の生産から廃棄までのライフサイクル全体で評価する「ライフサイクルアセスメント（LCA）」を導入しようとしている。これも自地域に利益を誘導し、産業の覇権を取り返そうとする動きだ。

これまで何度も述べてきたように、ポストコロナの世界情勢では中国が米国に代わって覇権を握るために新たな世界秩序を構築する動きを見せている。新たな世界秩序とは、文字通り新たなルール、それも他国には配慮せずに自国だけが利するようなルールを作るということだ。

しかし、自らルールを作っていくことは、全般的に日本人は苦手だ。自分が率先してやって失敗するリスクを極端に嫌うからだ。日本企業は「カイゼン活動」に代表されるように、いまのやり方を改良していくことは得意だが、リスクを取って全く新しい分野に踏み込んでいくことは苦手だ。

いまのやり方を改良していく有効な手法の一つが「ＰＤＣＡサイクルを回す」ことだ。計画（プラン＝Ｐ）を立てて実行（ドゥ＝Ｄ）し、問題がないか確認（チェック＝Ｃ）をする。そして問題があればそれを解決して再び行動（アクション＝Ａ）に移るサイクルを回しながら仕事をバージョンアップさせていく。日本の多くのビジネスマンが、このサイクルを好む。役所の中にもこうした考え方を導入し始めているところがある。

ところが肝心なことが抜け落ちている。Ａの後には標準化（スタンダーディゼーション＝Ｓ）が来ることを多くの人は知らない。すなわち、ＰＤＣＡサイクルを回すことは、決められた標準作業を進化させるためのツールとして使われてきたのだ。こうした仕事の仕方は、生産現場や検査工程などでは有効だ。日本がモノ造り大国となった所以でもある。

常に好業績を維持するトヨタ自動車が好んで「ＰＤＣＡ」というタームを好んで使うことから、その業績にあやかろうと日本企業が真似し始めたのだと筆者は見ている。しかし、それをビジネスや政策を新たに創造する領域で使っても効力を発揮するとは思わない。こうした領域は先が読めないからこそ、小さく踏み出してまず、やってみる「Ｄ」が先に来て、そこから軌道修正しながら大きな絵を完成させるべきだと思う。

コンサルトの仕事として「ルール作り」を！

国も企業も既存のルール見直し（規制緩和）ではなく、イノベーションを促す新しいルールを作る能力がほとんどない――。そう考えた國分氏はコンサルトの仕事の領域に「ルール作り」を入れたいと考えるようになった。世界の潮流の変化もその思いを後押しした。13年には中国が「一帯一路」戦略とリンクさせる形でアジアインフラ投資銀行（ＡＩＩＢ）の設置を提唱した。これこそ、日本と米国が主導するアジア開発銀行（ＡＤＢ）へのカウンター戦略であった。

14年にワシントンに國分氏が出向くと、シンクタンクではデジタル企業や総合エンジアリング企業などの民間企業の幹部から、ＡＩＩＢは日米の安全保障にも影響するのではないか、日本の財界は安全保障に興味はないのか、といった質問が浴びせられた。日本の企業が避けたがるのとは大違いだった。その時、議論したことで、これまで把握していた情報が経済安全保障とつながっていった。

グーグルなどはＷｉＦｉ機能を空高く成層圏に置いて、アジアの新興国で台風などの大災害が起こっても「つながる環境」を作って、所得が低い人でも使えるようにしたいと考えていた。これは、災害対応体制をアジアで素早く構築しないと、テロリストが災害によする社会の不安定さに乗じて活動を始めるとの危機感からだったが、非常時には米軍が使用することも視野に入っていたのだ。

持続的な成長といったＳＤＧｓの概念も普及し始め、米国は人権問題を外交ツールに用いることを重視し始めていた。米国では環境や人権などあらゆるものが安全保障とつながりはじめていた。

一方で中国は新興国で鉄道や発電所などの社会インフラを超低コストで受注して支援するのと同時に、テロのリスクに対応するとの大義名分で、「警備員」の肩書で人民解放軍を送り込んでいた。米国側は、戦争に勝って軍事基地を作るコストよりも、そちらの方が安くつくからだと見ていた。

パリのシャンゼリゼ通りでは中国人の観光客のマナーが悪いため、パリ市が中国大使館に相談したら、中国語ができる通訳を大使館側から派遣してくれることになったが、その通訳が人民解放軍だったという。同じことがイタリアでも起こっていた。こうした課題の解決策に人民解放軍を使う事例が米国のシンクタンクで報告されていた。

「近代経済学の父」と呼ばれる英国のアダム・スミスは『国富論』の中で「国防は富より優先する」と説いている。アダム・スミスが活動した18世紀の英国では、産業革命によって国内の社会構造が大きく変化し、格差問題が生まれ始めたとされる。対外的にはフランスとの戦争に明け暮れ、プロシアやロシアなどの新興帝国が勃興し始めていた。

いかに国を守るかが問われた時代だった。未曽有の少子高齢化による経済力の衰退と、地政学的に近い中国の急激な発展に挟まれた、今の日本と重なって見えてしまう。そういう時代だからこそ、過去を総括して新しいことにチャレンジして、社会を良い方向に前向きに作り替えていくことが重要だ。

経済と安全保障を融合させたシンクタンク

そうした問題意識から國分氏は、日本で提言したアイデアが着実に政策につながる実行力のあるシンクタンクを作りたいと思った。それは、米国のように経済と安全保障を融合させるシンクタンクのことだった。米国のシンクタンクは、共和党系、民主党系などといったように色が付いているケースがある。それはシンクタンク自体が政権の政策立案能力の一部を担っているからだ。

そして、シンクタンクには、閣僚や官僚だった元政権スタッフや政治家、学者、経営者らが入り込んでおり、政権交代が起こる度にシンクタンクのメンバーがワシントン内を引っ越して新たな政権チームに入り、元スタッフは再び現役に戻るダイナミックな入れ替えがある。もちろんその逆の、政権スタッフからシンクタンクに戻ってくることもあった。

米国のシンクタンクは現役が関与しているので、提言する政策にリアリティがあるうえ、他のシンクタンクと政策を競い合っているため、常に「政策市場」にさらされている。そうして寄付金などの資金を集めて組織を運営している。政策立案をビジネスにしているわけだが、競争が影響する民間組織でありながら、非常に公共性が高いのが米国のシンクタンクでもある。

こうした組織があるから、日本の公務員が指摘されるような「天下り問題」はなく、政権が交代すれば辞めてシンクタンクや大学に戻ってまた仕事をする。所属の領域を超えた生きた人材交流ができている点がダイナミックだ。

特に現役が関与している点がポイントだ。日本にもシンクタンクと呼ばれる組織はあるが、完全に引退した官僚や政治家が幅を利かせている。そうしたシンクタンクの活動をメディアが取り上げることはあっても、そこが打ち出す提言がすぐに政策に結びつくことはほとんどない。安全保障に関しても、いわゆる防衛族が中心になり軍事力の比較などが中心で、経済と絡めての研究や提言はほとんどなされていないのが実情だ。

15年に入り、國分氏は米国のような建て付けで、経済と安全保障を融合させたシンクタンクを作りたいと思うようになった。それは、発信するだけではなく政策立案に結びつく「プラットフォーム」作りを意味した。

そうした時、12年に知り合った経産省の官僚だった藤井敏彦氏から、人を紹介したいと告げられた。藤井氏は現在、経済安全保障政策の司令塔を務めるNSS担当の内閣審議官を務める。

紹介されたのは、多摩大学大学院経営情報学研究科の研究科長（当時）、徳岡晃一郎教授だった。徳岡氏は日産自動車の人事課長からコンサルティング会社に転職した経験があった。初対面ながら國分氏は米国の事例を熱弁し、大学内に経済安全保障センターのような組織ができないかと打診した。すると、1カ月くらい経って徳岡氏から、その計画には大賛成なのでよかったらうちの大学でやってみませんか、と言われた。

早速、その構想を、大学を運営する学校法人・田村学園の田村嘉浩理事長に説明する場が設けられた。田村氏は元通産省のキャリア官僚で、通商政策に関わってきたほか、米スタンフォード大学に留学経験があった。そのような経歴なので、飲み込みが早く、「重要なことだ」と言って、すぐに認めてもらった。田村氏は、国に貢献する大学とは何かと考えていたようだ。一つ指示を受けたのは、寺島実郎学長に相談することだった。

寺島氏は三井物産出身で米国事情に通じた識者として知られ、テレビのコメンテーターとしてもよく見かける。民主党のブレーンの1人と言われていたが、国際通だけに党派のことは関係なく、「それは日本に必要な話だ」と言い、國分氏への全権委任で設置を認めた。

こうして16年6月1日に立ち上がったのがルール研だ。安全保障というと後ずさりする傾向にある日本企業が「アレルギー反応」を起こさないように、組織の名前には敢えて「経済安全保障」は入れなかった。

ルール研とルール議連が一体となって動く

組織は立ち上がったものの、現役の大物政治家がルール研のメンバーにはまだいなかった。経済と安全保障に詳しく、かつ、国際社会でのルール作りに関心があり、実務能力が高い政治家を探した。

國分氏がターゲットにしたのが自民党衆議院議員の甘利明氏だった。前章でも述べたように、甘利氏はＴＰＰ（環太平洋パートナーシップ協定）担当大臣として、新たな経済連携の枠組みを作ってきた実績があり、ルール作りができて交渉力が高いことを國分氏は知っていた。

ルール研の運営に協力してもらうようになっていた、同じく自民党の福田峰之代議士（当時）を通じてルール研に参画してもらえないかと甘利氏に打診した。世界のパワーバランスが動いている中、福田氏も自民党内に経済安全保障を議論する場がないことに危機感を抱いていた。

國分氏と福田氏が一緒にワシントンを訪問した際には米国側から、日本で経済安全保障を語れる政治家がいないのは大きな課題だと、指摘された。

甘利氏への打診と同時並行で、ルール研が提案する政策の受け皿となり、それを多面的にもんでもらう場として自民党内に「ルール形成戦略議員連盟」を設けることを進めた。甘利氏は16年12月にルール研の顧問兼シニアフェローに就任し、17年4月にはルール議連が発足した。議連の会長には甘利氏、事務局長には福田氏がそれぞれ就いた。ただ、福田氏は17年10月の総選挙で落選したため、事務局長は中山展宏代議士が引き受けることになって現在に至る。

米国型シンクタンクを目指すルール研と、ルール議連が一体となって経済安全保障政策を作っていく流れができた。それが加速したのが17年の冬だった。

ルール議連で、日本の自動車メーカーが強いハイブリッド技術が環境規制という新たなルールによって世界市場から締め出されるリスクがあることや、中国の自動運転技術の驚異的発展などについて話し合われた。このままだと、日本の自動車産業包囲網ができるのではないか、といった声も挙がった。

ルール形成や経済安全保障と、日本の産業競争力をもっと密接に絡めた政策を能動的に作っていくことが必要だとの共通認識がやっとできた。それまでは問題があると官庁に問い合わせたり、指摘したりするスタイルから抜け出せていなかった。

早速、ルール研として米クリントン政権時代に国家経済会議（ＮＥＣ）の初代シニアスタッフを務めたマーカス・ノーランド氏（ピーターソン国際経済研究所副所長）に来日とルール議連での講演を依頼し、ＮＥＣの創設理念を語ってもらった。

他にも招聘した経済安全保障の専門家の意見に耳を傾けるうちに、議連内に政策の必要性と正当性が浸透し、正式な提言書を作ろうとの動きが出始めた。

それまで日本のシンクタンクは、専門家を招聘したダイアログ（対話）を行うが、経済安全保障をテーマにすることはなかったし、自民党で政策形成につながるようなこともしてこなかった。日米同盟をどうするか、とか、集団的自衛権の行使の在り方といった軍事的視点でのダイアログはあるにはあったが、防衛関係の元閣僚らと意見交換することが多く、メンバーも固定的だった。

そうした意味でルール研の活動は画期的で、米国型シンクタンクに近づいている。メンバーには現役では甘利氏に加え、客員教授として藤井氏も加わった。元防衛装備庁長官の渡辺秀明氏も客員教授に就いた。錚々たる顔ぶれだ。

逆に國分氏は、ルール議連の提言を政策に移した自民党本部の新国際秩序創造戦略本部のアドバイザーを20年9月末まで務め、政策づくりに直接関与した。シンクタンクと政権で人材が行き来するとまではいかないが、実務的で生きた政治と民間の人材交流と言えるだろう。ただ米国型と違うのは、メンバーは無報酬に近いことだ。本業を持ったうえでの参画となる。國分氏の本業は、ＥＹストラテジー・アンド・コンサルティングのパートナー（役員）だ。

ルール研はシンクタンクでありながら社会人大学院のＭＢＡの講義を無報酬で受け持つ。生きた教材がある教育は有意義だ。

健康産業で中国の市場を作る

これからビジネスの世界では、どうしたら米中両国から制裁対象にならないか、能動的に動いてダブルサプライチェーンを作るべきだとの考え方も浮上している。非合理性にいかに投資できるかが、「米中経済戦争」の時代には必要になってくる。政府から指示を受けたり、ルールができたりする前に、米中ビジネスのデカップリング（分離）を検討するくらいでないと時代の流れについていけないのだ。

たとえば防衛産業の三菱電機はすでに経済安全保障担当役員を置いており、コピー機大手のリコーも情報安全保障管理室を設置したことを発表している。これまでコピー機は中国製を米国に輸出するケースが多かったが、機密情報を扱うオフィスで、ドキュメントソリューションを提供する会社が、経済安全保障対策をしていなければ、米国で売れなくなるとの危機感があったようだ。

会社の重要な戦略にかかわる経営人材ほど、こうしたビジネスと安全保障の関係を考えられることが求められるのだ。そうした意味でルール研は、中国との分断を推進するだけではなく、非ハイテク領域において中国との連携による新たな市場づくりも意識している。

21年4月12日、ルール研は「ハームリダクション・ライフスタイル〜健康産業の振興に向けた国際ルール形成について」と題するシンポジウムを開催、この分野における中国との連携について問題提起した。甘利氏、中山氏が参加したことから分かるように、ルール議連もこのテーマを同時に取り上げ、産業政策に盛り込んでいきたい考えだ。

「ハームリダクション」とは文字通り、有害なものを取り除くという意味で、ここではサプリメントなどを使って病気にならないような生活習慣を目指すことを意味する。日本は少子高齢化で医療費が増大して健康保険財政が圧迫される社会的な課題を抱えている。いつも医師にお世話にならなくていい健康寿命と、平均寿命に乖離が出始めていることは大きな課題だ。これは端的にいうと、薬漬けになって寿命を延ばしているということだ。

そうした状態になる前に自助努力でサプリメントなどを使って健康寿命を伸ばそうということだ。実はこれは経済安全保障ともつながってくる。長寿の不安が政府への不満につながるうえ、国家財政に占める医療費や福祉関連の負担が増大すると、防衛予算などに回す余裕がなくなってしまうからだ。

日本はこのテーマでは「課題先進国」だ。すでに安倍政権時代にアベノミクスの「第三の矢」の成長戦略において健康産業の育成が大きなテーマに掲げられていたことはあまり知られていない。医療費削減のため健康管理は自己責任で行い、軽い身体の不調は自分で手当てする「セルフメディケーション」を推進していた。

その目玉政策として13年6月、サプリメントなどの健康食品に機能性が表示できるように規制緩和することが閣議決定された。それまで機能性を表示できたのは、特定保健用食品（トクホ）と栄養機能食品だけだったのを、15年度以降は一定の基準の下、企業の自己責任によって健康食品にも機能性表示が可能となった。これにより、サプリでも「免疫サポート」とか「尿酸値が気になる方に」とかいった文言が謳えるようになった。

実は筆者も尿酸対策のサプリを飲み始めて、尿酸値が8から6台に下がった。薬事法上は「効く」と言ってはいけないのだが、筆者個人の感想としては有効であることは間違いない。

こうした日本のサプリメントや、健康診断の仕組みを中国に輸出したり、中国側と共同開発したりすることで、日中の互恵関係を構築しようと考えている。実際に中国では60歳以上の人口が20年に2・5億人だったのが30年には3・5億人にまで増え、一人っ子政策が影響して少子高齢化が進むと見られている。また、中国は肥満・糖尿病大国になっており、糖尿病患者数は世界トップの1億1640万人（19年時点）いる。

健康に関する日本の課題解決のノウハウを中国に提供することで、日本の健康産業を育て、中国の社会課題の解決にも貢献する狙いだ。ルール研では、食糧不足などを背景にこれから増えることが想定される「人工肉」の品質・安全のルール形成についても研究に入っている。

「天才ホワイトハッカー」が活躍！

現役の政治家、現役の官僚以外でこのルール研の活動を支えるメンバーの経歴がユニークだ。まず所長の國分氏は45歳とまだ若い。社会人としてのキャリアは、プログラマーから始まった。その後、25歳の時にソフトバンクグループの新興企業に入り、社長室でM&Aや5社の再建を担当した。

コンサルティング会社に転職後は一気に昇進し、30歳で役員一歩手前のシニアマネージャーになり、転職成功者として転職情報誌の表紙を飾った。

その会社で次は役員だと言われたが、現場でスキルを磨きたいと考え、他のコンサルティング会社に転じた。そこで35歳で執行役員になったが、ルール形成と安全保障に特化して取り組める他社にまた移った。

最近の業界での評判を聞くと、経営と現場を融合させたり、人と人をつなぎ合わせたりするのがうまいコンサルタントだと言われる。それこそ、経済安全保障政策の実現の現場で活用してきたノウハウだろう。

そして國分氏を支えるルール研のスタッフがもっと若い。首席研究員の西尾素己氏は弱冠25歳。「天才ホワイトハッカー」の異名を持つ。ホワイトハッカーとは、悪意を持ったサイバー攻撃に対応する技術者のことを指す。小学生の頃からプログラミングを学び、すでに中学生の頃には政府や金融機関のシステムの脆弱性を報告していた。

実家が経営していた鉄工所の経営が苦しくなった関係で、高専を中退したが、その腕を買われ、引く手あまただ。ある大手のＩＴ企業で最高情報セキュリティ責任者の補佐をしていたが、自分のノウハウをもっと広めたいと考え、転職先をコンサルティング会社に絞ったが、自分の価値観と合いそうな國分氏の存在を知った。

國分氏は西尾氏を面接して採用した。そしてルール研の仕事も手伝う。西尾氏は米国防総省のサイバーセキュリティ対策にも詳しい。

西尾氏が國分氏を支える「助さん」だとすれば、「格さん」はルール研事務局長で客員教授の井形彬氏だ。34歳。国政政治の専門家で、人権を抑圧した労働力を用いて生産した素材や製品をサプライチェーンから排除する「人権デューデリジェンス」の動向などに詳しい。

現在おもに取り組んでいるテーマは「人権と経済安全保障」だ。井形氏は民主主義国18カ国と欧州会議の国会議員で構成される国際的な超党派議員連盟の「IPAC（対中政策に関する列国議会連盟）」のアドバイザーを務め、日本にある「JPAC（対中政策に関する国会議員連盟）」とのつなぎ役をしている。

JPACは、特定人権制裁侵害法と呼ばれる「日本版マグニツキー法」の制定を検討しており、井形氏はその動きを支援している。マギニツキー法とは、ロシアの弁護士で政府が関与する横領事件を告発したことで逆に投獄されて獄死した、セルゲイ・マグニツキー氏に由来する。米国はこの問題で12年に、関係者のビザ発行を制限し、個人資産を凍結する「マグニツキー法」を制定した。先進7カ国（G7）の中で人権制裁法がないのは日本だけとなっている。

産業界、官僚、政治家——動かないことがリスクだ

21世紀に入って日本の産業界や官僚、政治家は全般的にリスクを取って新たなことに取り組む気概に欠けている。取り組まないだけでなく、考えようともしない一面がある。あるいは考えているふりをするだけだ。このルール研はそうした風潮へのアンチテーゼだと筆者は感じている。

思考停止だと感じるものの中には、憲法9条の条文へ固執、自衛隊を軍隊と呼ばない言葉遊びなど特に安全保障に関することが多い。このままでは、本当に「泥縄」になるかもしれない。領土が侵され、サイバー攻撃で発電所が止まり、食料とエネルギーの供給ルートを抑えられるなどして、国民が生命の危機や飢えに直面して初めて対策を練ることになりかねないのだ。

企業にしてもそうだ。1999年の日産自動車の経営危機がそうだった。やるべきことは過剰債務と過剰設備の削減だったのに先送りされた。リスクを取るのと過去の責任を問

われるのを恐れた。その結果、倒産寸前になって外資に助けを求めて生き残った。

21世紀に入っての半導体や液晶産業の衰退も同じような轍を踏んで、やるべきことをやらずに、問題が顕在化してから大騒ぎして、最後は国に頼るか、外資の傘下に落ちるか、企業が消滅するしかなかった。総括して新たなことに取り組むことが日本は本当に苦手だ。どの世界にも運不運による優勝劣敗がつきまとう。しかし、日本の企業が繰り返し失敗してきた要因は不運ではなく経営力のなさにある。戦略的思考の欠如で、いわば「人災」だ。

その構図は、戦時中のガダルカナルの戦いの敗因を彷彿させる。敵の戦力を見誤り、負けるたびに戦力を逐次投入し、精神論だけ唱えて、食料、弾薬もろくに補給せず、ガダルカナル島はその状況から飢餓の「餓島」と呼ばれた。そして負けると責任を皆で押し付け合った。

筆者も40歳まで、企業と新聞社で働いてサラリーマンだったが、やらない言い訳を巧妙に正当化できる人、人に責任を押し付けることがうまい人が出世していたと思う。

経済安全保障に関する新しい政策が仮にうまく機能しなくても、問題ではない。やり直せばいいだけだ。それは「ＰＤＣＡ」の話で指摘した通りだ。やり直しながら軌道修正するだけだ。

世界の秩序が大きく変わるかもしれないこのご時世に、動かないことの方がリスクだ。議論ばかりして計画を作っている間に世界の情勢は変化してしまうほど、世の中の流れは速いのである。

7章

企業が取るべき道と覚悟

日本電産のリスク回避戦略

「尖閣諸島で問題が起こった場合に、開発拠点が中国にあると、リスクが起こるのではないか。そうした問題に対応する戦略を教えてほしい」

これは2020年6月17日、京都市に本社を構えるモーター大手、日本電産の本社で開かれた株主総会において一番目の質問者である株主が行った質問である。一般的にはありがちな配当など業績に関しての質問ではなく、いきなり経済安全保障に関しての質問だった。投資家も、企業が経済安全保障にどう取り組んでいるのかに関心が高まっているのだろうと、筆者は感じた。

日本電産は世界40カ国以上で事業を展開し、グループ企業300社を抱える超グローバル製造業だ。中国や北米にも多くの拠点がある。万一、米中、日中の間で大きなトラブルが発生した場合にサプライチェーンに影響が出るのではないかと、株主から問われているわけだ。

オーナー経営者である、永守重信会長ははっきりこう答えた。

「政治的リスク、災害のリスク、経済的リスクは起こり得ることを前提として、同じ製品でも世界で分散して生産している。戦争もリスクとしては想定しているが、企業で対応することは不可能だ。もし尖閣諸島でのトラブルから米中戦争に発展するようなことがあっても、私は政治家ではなく事業家なので、トランプ大統領（当時）に『戦争はやめてくださ い』と言うことはできない。経営者として最も重要なことは、リスクを最小化して企業の存続を考えることだ」

永守氏は裸一貫で創業し、時代の流れを鋭く読んで先回りする経営で、会社を成長させてきた。今や株式の時価総額では日産自動車やホンダを追い抜き、自動車関連で日本電産より高い企業はトヨタ自動車のみだ。世界的にも注目されている経営者であり、序章でも述べたが、21年3月に米国のブリンケン国務長官が来日した際に、面談するメンバー数人の中に選ばれている。

クルマだけではなく、船や飛行機もいずれ電動化されると言われ、モーターの需要は今後高まる。家電製品でもコードレス化が進んだことで、高性能な小型モーターの需要が高まっている。スマートフォンでも同社のモーターが席巻する。パソコンの記憶装置であるハードディスクを動かすモーターでは世界シェア80％を持つ。

モーターは半導体と並んでものづくりで欠くことができない「産業のコメ」だ。筆者は2年前、中国浙江省にある日本電産のEV向けモーターの生産拠点を見学したことがある。そこでは、EV向けだけではない様々なモーターを製造するグループ企業が集約した「日本電産村」が形成されていた。

これには理由がある。一つの業界向けの需要が落ちて労働力が余った際に他の工場で活用できることや、一括購入でコストが下がるメリットがあるからだ。部品や設備の現地での調達力が高く、サプライチェーンは中国内でほぼ完結していると見た。

日本電産は21年4月9日には、まだ日本企業がほとんど進出しておらず、EUにも加盟していない東欧のセルビアに車載モーター関連の工場を建設することを発表した。今後10年間で約2000億円を投資し、中国の浙江省と同様に、セルビアにグループ企業を集約させて新たな「日本電産村」を構築する方針も示した。

米中の狭間で巧みに泳いで稼いできた鴻海

グローバル化の推進は、これだけではない。日本電産は21年3月18日、電子機器受託生産サービスで世界最大の鴻海精密工業と、台湾の自動車メーカーである裕隆集団との合弁会社、鴻華先進科技との間でEV向けモーターを提供する覚書をかわした。

鴻華先進科技は昨年10月に設立され、資本金は日本円で約570億円。鴻海が51%、裕隆集団が49%出資する。電気自動車（EV）向けのオープンプラットフォーム「MIH（メイド・イン・ホンハイ）」を開発するために設立された。

MIHを使って、EVの相手先ブランドによる生産を行う。鴻華先進科技は、「MIHはEVにとってのアンドロイドになるだろう」と意気込みを示している。

また親会社の鴻海は3月25日、EV事業で協力を得られるサプライヤーが1200社を超えたと発表。日本勢では日本電産に加え、村田製作所やNTTが加わる見通し。他には、中国の電池大手CATL、半導体の独インフィニオン、米マイクロソフト、クラウド大手のアマゾン・ウェブ・サービス（AWS）が参加すると見られる。

EV事業のトップには、米フォードの中国子会社副総裁を務めた鄭顕聡氏が就くなど、他社からのヘッドハントも進めているという。

同時に鴻海は米ウィスコンシン州かメキシコでEV工場を建設する計画を進めており、2023年には新工場を建設したい考えのようだ。台湾メーカーの中では中国に近いと見られている鴻海は米国にも配慮しているようだ。

鴻海は中国と米国の2か所でEVを生産し、25～27年に世界でEVの生産シェア10％を獲得する計画を描いている。「米中経済戦争」の折、鴻海はサプライチェーンのデカップリング（分離）を想定してEV事業を進める模様だ。

この鴻海ほど米中の狭間で巧みに泳いで稼いできた企業はない。米国のアップルからの信頼が厚く、スマートフォン「iPhone」は鴻海がその7割近くを受託生産し、生産拠点はまだ中国が中心だ。これから鴻海が、今まで通り中国に寄るのか、アメリカにシフトしていくのかが見物だ。

ちなみに同じ台湾企業でも、半導体受託製造大手のTSMCは米国寄りの姿勢を見せて、アリゾナ州に巨額投資をして新工場を建設する計画を発表している。

微妙な立場に置かれている鴻海。日本電産はそこを見通しているのか、この鴻海との提携を国際的な産業ニュースなのに発表しなかった。おそらく鴻海1社と緊密な関係を築いていると見られたくなかったのであろう。付かず離れずという戦略が見て取れる。「米中経済戦争」の中で、どちらの国に近い企業か、色付けされるのは得策ではない。

グローバル化対応の「お手本」

これまで日本電産のことを紹介したのは、今後のグローバル化対応の「お手本」の1つとして同社の動きが参考になるのではないかと感じたからだ。「米中経済戦争」だからと言って、グローバル企業は米国や中国の市場から撤退することは現実的には難しいだろう。だから新しい国際政治情勢を意識した新たなグローバル戦略を構築すべきであり、その解の一つがグローバル経営の進化ではないか。決して撤退することではない。端的に言えば、サプライチェーンを現地で完結していくことが重要になる。

日本電産の経営を見ていると、むしろグローバル化が深まり、ビジネスに関するあらゆることが各地域で完結する仕組みになっている。このため、1つの地域で大きなトラブルがあっても、全体の業績に影響しない体制ができつつあり、リスクに強い企業体質となっている。

その証左に20年4〜9月期の決算を見ても、売上高が0・1％増の7517億円、本業のもうけを示す営業利益が12％増の691億円となり、コロナ禍の影響によるサプライチェーンの分断を受けて軒並み業績を落とすグローバル製造業が多い中で、好業績を維持している。

これまで日本電産の経営を振り返ると、08年のリーマンショックや11年の東日本大震災など危機の度に企業を成長させてきた歴史がある。ピンチの後にチャンスあり、を地で行っている会社だ。

コロナ禍の後にはきっと世の中の景色が変わってしまうだろう。自動車産業でも一気にEVシフトしていくことをにらんで、日本電産は海外投資を惜しまない。過去の実績から見て、日本電産は「米中経済戦争」ですら成長の糧にしてしまうのではないかと思ってしまう。

米中の板挟みとなる日産

もう1つ、これからのグローバル化では、企業は収益を特定の国や特定の企業に頼り過ぎないことも肝要になるだろう。

しかし、口で言うのは簡単だが、現実はなかなか厳しいのかもしれない。米国と中国の市場に依存している業界は多い。その板挟みとなるケースが見られ始めた。

まずは日産自動車のケースだ。日産は20年3月期、21年3月期と2年連続で5000億円を超える巨額の最終赤字を計上する。提携相手のフランスのルノーも1兆円超の赤字を計上している。

このため、資金繰りに窮した日産は資本増強策に動き、一時はルノーに代わって中国の国有企業である東風汽車から出資を受ける計画が進んでいたが、止まった。一部の社外取締役らが「中国資本の企業になれば、米国市場でイメージが悪くなって売れなくなる」などと反対したようだ。今の情勢を考慮すれば、真っ当な指摘だと思う。

かつて日産はルノーからの資本を受け入れた際、防衛部門をIHIに売却した。当時、日産は陸上自衛隊向けの多連装ロケットシステムなどを生産していた。固体燃料の技術に強く、それが現在の日本のH2Aロケットの推進力の原点となっている。ロケットに利用できるということは、ミサイルにも応用できる。このため、経産省の指示で外資からの資本を受け入れる前に売却した。

現在、日産には防衛部門はないものの、自動車メーカーの開発領域は、電子・電機、化学・素材といった具合に対象が広いため、軍事に転用できるものも多く、中国資本になれば、そうした技術が「軍民融合」によって人民解放軍に利用されることになるかもしれない。

日産のグローバル販売は、3分の1ずつが米国と中国、残り3分の1が日本を含むその他地域という状況になっており、これまで米中2大市場が利益の源泉となってきた。米国市場を失うわけにはいかないため、中国からの資本受け入れ計画は撤回された。

その計画に代わって日産は20年、ドル・ユーロ建ての社債を日本円で約1兆円分起債することで当面の資金繰り対応に目途をつけた。アジア企業で過去最大の社債発行だと言われた。

社債は将来返済する必要がある借金であるのに対して、株式による資本増強は返済する必要がない。「米中経済戦争」がなければおそらく、日産は中国資本を受け入れていたのではないか。そうなれば、1兆円もの巨額の借金を背負うことはなかった、と見ることができる。

米中経済戦争を警戒するトヨタ

トヨタ自動車も米中の板挟み問題で悩んでいる。トヨタも日産と同様に米国と中国の市場で稼いでいる。

中国北京から南西105キロに位置する河北省・雄安新区。そこでは総投資額2兆元（約34兆円）とも言われる習近平国家主席肝煎りのスマートシティ開発プロジェクトが進んでいる。17年に発表された計画で、第二首都になるとの見方も出ている。すでに街には自動運転の試験場やレジに店員がいない無人スーパーもオープンしているという。

自家用車をすべて自動運転車にするなど、AIを駆使した新しい交通網を構築するほか、外資を誘致した未来型インテリジェント都市を建設する計画だ。22年までに都市としての基本的インフラを完成させる計画で、その区域面積は深セン経済特区や上海浦東新区に匹敵する規模だ。

当初、トヨタはこの雄安新区への進出に興味を持っていると言われた。18年9月に訪中したトヨタの内山田竹志会長が密かに建設中の同区を訪れた。中国の李克強首相が同5月に来日した際に、燃料電池などを生産するトヨタ北海道工場を見学した。李氏はメモを取りながら質問攻めにしたが、それを契機にトヨタに惚れ込んだ李首相が盛んに雄安新区への進出を誘ったと見られている。

トヨタは中国に対するトラウマがある。80年代、鄧小平氏がトヨタに中国進出を誘ったが、米国進出を優先させるために断った。その代わりにドイツのフォルクスワーゲン（VW）が進出した。以来、面子を重んじる中国政府は外資ではVWを優遇し、トヨタを冷遇してきた。トヨタにとっては先方の首相が誘ってきたわけだから絶好の機会だったが、もう一つのトラウマがブレーキをかけた。

それが米国だった。古くは日米自動車協議で揺さぶられ、品質問題では難癖を付けられた。そのたびに、米国への投資を拡大してきた。カネの力で米国からの脅しを何とか潜り抜けてきた形だ。あるトヨタ首脳がこう語ったことがある。

「米国市場は自由で開放的だと能天気に考えたら大間違い。高い場所代をもぎ取られる」

17年に就任したトランプ大統領（当時）は就任と同時に早速、トヨタにカウンターパンチを放った。16年の大統領選の最中にトヨタはメキシコ工場の増強を発表してしまった。メキシコとの国境に壁を作ることが公約の一つだったトランプ氏は、得意のツイッターでトヨタを名指しで批判した。

通商政策担当で対中強硬派のナバロ大統領補佐官（当時）は「中国は不当に未来の産業の支配を目論んでいる」とアピールし始めていた。

問題の本質は、単に米国の対中貿易赤字だけではなく、ハイテク戦争であるということが日本でも分かり始めた。グーグルやアップル、フェイスブック、アマゾンに象徴されるように、プラットフォーム企業は米国の独壇場だったのが、中国でもファーウェイ、テンセント、バイドゥといった企業が台頭。米国側は警戒し始めていたのだ。

雄安新区は、中国にとって国家の威信をかけたハイテク産業の育成拠点でもある。中国政府は現在、ヘルスケア、音声認識など4つの分野でAIプラットフォーム戦略を推進している。その1つが、バイドゥ中心の「アポロ計画」。その最大の試験場が雄安新区となる予定だ。中国側は今後、アポロ計画に加わった企業のみ、自動運転の試験の許認可を出すと見られている。

日本企業を代表するトヨタが進出を表明すれば、米国から「ハイテク戦争で日本は中国に加担している」と睨まれる可能性が高いため、トヨタは出たくても出られない状況になった。

HV技術の中国移転を戦略的に行う

ここで少しアングルを変えると、経済安全保障に触れず中国市場を攻める場合は、「非ハイテク領域」を意識すればいい。6章では健康産業の事例を挙げたが、自動車産業でも中国とうまく組めばいい。

自民党のルール形成戦略議員連盟（甘利明会長）は、超低燃費技術を中核にした中国との関係強化策を検討している。ルール議連は対中強硬策を主張しているだけではなく、中国とは経済安全保障に触れないように注意して付き合い、主張するべきところは主張していくと考えているからだ。

具体的にはハイブリッド車（HV）の技術の中国への移転だ。HVは枯れた技術なので、米国の逆鱗に触れることはまずない。

世界では、政府が自国の産業競争力が優位に立つように「ゲームチェンジ」を狙って規制を仕掛ける動きが起こっている。この結果、確立される技術標準を「デジュールスタンダード（法規制による標準）」と呼ぶ。これまでは、企業が競争した結果、技術標準が決まり、それを「デファクトスタンダード」と呼んだが、それとは趣が違う。

ＥＶシフトは、デジュールスタンダードの確立を目指して仕掛けた欧州や中国の動きが代表的な事例だ。ただ、中国は当初、２０３５年時点で新車販売においてＨＶを認めない方向だったが、新エネルギー車（ＥＶ、プラグインハイブリッド車、燃料電池車）とＨＶを半分ずつ認める方針に切り替わった。そこは日本側がロビー活動で切り崩したと見られる。そうした自国の産業が不利になることに対する「カウンター政策」は重要だ。

中国ではＥＶ化を強硬に推進するのが共産党中央だが、現実の政策を担う工業情報化省はやや懐疑的であり、ＨＶを優遇する機会をうかがっていた隙をついたのだ。二酸化炭素削減に貢献し、充電面で消費者の利便性を損なうことがないＨＶであれば、中国市場でも受け入れられると判断した。

日本側がＨＶを前面に出さずに「超低燃費技術」と表現しているのは、これまでＨＶを嫌ってきた中国共産党への配慮の意味合いが一応あると見られる。日本企業が市場を取るためにはこうした柔軟な姿勢を取ることも一つの戦略だ。

中国側にも米国と激しい「経済戦争」の状況下においては、これ以上敵を増やさないという意味で日本との友好関係を強化したいとの思惑があるだろう。

ルール形成戦略議員連盟が描くシナリオは、中国で車齢が5年以上経過した燃費が悪いガソリン車の中古車の流通を規制、超低燃費車に切り替えた場合、インセンティブを出すなどの政策誘導だ。30年時点で中国において車齢5年未満のクルマをすべてEVにした場合よりも、車齢5年以上のクルマをすべてHVにした方が、二酸化炭素削減効果は高いとの試算もある。

今後、中国がHVの生産を加速し、30年時点でHVを中国内で2300万台製造した場合、新たに310万人分の雇用創出効果があるという。加えて、化石燃料の輸入削減や、生産過剰となっている鉄鋼業界の需要創造にもつながる利点がある。景気刺激策としても、環境対応策としてもHVが有効であることを中国に示したことで情勢が変わった。

ライフ・サイクル・アセスメント（LCA）

米中二大強国の争いをリスクマネジメントの視点から警戒するのは当然だとしても、これまで述べてきたような経済安全保障が強化され、世界情勢が激変する中では新しい潮流を利用して商売するくらいの戦略眼が、日本企業には必要だと筆者は考える。

経済安全保障を利用するビジネスを展開する視点が重要だ。さらに言えば、日本企業に有利な新たなルール作りを仕掛けるとか、まだルールができていないグレーゾーンで先行し、後からルールが追随してくるくらいの、したたかで素早い動きが求められる。

スポーツの世界では、かつてスキーのノルディック複合で日本選手が勝ち始めてメダルラッシュになると、日本選手に不利になるように競技ルールが変更された。柔道でも一時期、一本を取りに行く日本の正統派柔道ではなく、外国選手が有利となるプロレスのようなポイントを稼ぐだけのルールに変えられたことがある。

産業界でもこれと似たようなことが実際に起きている。たとえば欧州が目論む「国境炭素税」だ。菅義偉首相が「2050年にカーボンニュートラルを目指す」と所信表明演説で示したように、地球温暖化の原因とされる二酸化炭素の排出削減の動きが世界的に加速している。その「震源地」の一つである欧州がいま盛んに打ち出しているのは「ライフ・サイクル・アセスメント（LCA）」だ。

これは、クルマの走行時だけの二酸化炭素の排出を規制するのではなく、製造から廃棄までの排出量を規制する考え方だ。二酸化炭素削減のための本質的な対応なのだが、これだと欧州が有利になる。

欧州では英国が風力発電、ノルウェーが水力発電、フランスが原子力発電といった具合に二酸化炭素を出さない発電体制が整い、ＥＵ域内で電力を融通し合うことができる。

これに対して日本は、東日本大震災後に原発の稼働率が落ちたため、ＬＮＧ（液化天然ガス）や石炭に頼る火力発電の割合が増えた。この結果ＬＣＡでみれば、同じ車であっても、生産拠点が欧州か日本かによって欧州で生産したクルマの方が二酸化炭素の排出が少なくなる可能性が高い。

欧州の基本的な考え方は、ＬＣＡで二酸化炭素の排出が高いクルマが欧州域内に入ってくる場合に課税するというものだ。そうなると、日本車の輸出競争力は落ちる可能性が高まる。欧州は産業に関するルール形成で主導権を握り、欧州産業の復権を目論んでいるのではないか。

21年3月11日、日本自動車工業会の豊田章男会長（トヨタ社長）はＬＣＡに関連して「同じヤリスで国内よりもフランスで造った方が環境に良いことになる」と指摘した。

トヨタは小型車ヤリスを国内とフランスなどの海外工場で製造している。日本が今のエネルギー政策であれば、日本産ヤリスは製造工程で二酸化炭素を多く排出する環境に悪いクルマとみなされ、輸出で不利になり、それが国内の雇用に影響しかねない。豊田氏は、日本政府がエネルギー政策を見直すべきだと、問題提起したのだ。

エネルギー政策の問題は自動車産業だけではなく、鉄鋼などあらゆる産業に影響してくる。製造業だけではなく、新しい産業にも影響するリスクがある。

たとえば現在は「データ資本主義」の時代と言われ、ビッグデータをいかに活用するかが産業競争力に直結する。電力を多く消費する重要設備のサーバーから排出する二酸化炭素まで計算されるようになると、日本にサーバーを置けばコストが上昇するとして、企業は他国に移すことだって考えられる。

そうなれば、序章のＬＩＮＥ事件で紹介したように、他国にサーバー内のデータをのぞかれるリスクが高まり、それこそ経済安全保障の問題に直結するのだ。欧州が仕掛けるルールチェンジは、これから日本の産業界に大きなインパクトを与えるだろう。

造船業のルールづくりに積極的に関われ

一方で経済安全保障が重視される時代だからこそ、こうした環境問題などの「ＥＳＧ（環境、持続的な成長、ガバナンス）」が「武器」になるのだ。

一例を挙げると、国連の専門組織の一つで、船舶の設備や構造の安全基準、有害物質の排出規制など海洋上のルールを決める「IMO（国際海事機関）」は、20年から船舶のエンジンから出る硫黄酸化物の排出量を大幅に規制強化した。これにより硫黄酸化物の排出が少ないLNGを燃料とする船が普及すると見られる。

この規制強化によって、韓国、日本を追い抜いて船の建造量で世界1位になっていた中国の造船業は打撃を受けそうだ。中国はコストの安さで受注量を増やしたが、難易度が高いとされるLNG燃料船の技術には乏しいからだ。この分野に強い韓国の造船業が最も恩恵を受けると見られている。

IMOの事務局長は16年から韓国人の林基沢氏が務める。このポストは「海の大統領」と呼ばれるほど強い権限を持つ。韓国に不利なルールチェンジは実行しないだろう。日本の船の建造量は現在、世界3位。1956年に英国を抜いて世界1位に躍り出たが、1990年代以降、韓国に追い越され、中国にも抜かれた。IMO事務局長はかつて日本人が務めたこともある。

造船なんて時代遅れの産業だと思う人もいるだろう。しかし、よく考えてほしい。日本は海洋国であり、エネルギーや食糧は船を使って輸入している。加えて、そうした船を造る民間企業、三菱重工業や川崎重工業、ジャパンマリンユナイテッドなどが、自衛隊向けの艦艇や海上保安庁向けの巡視艇を建造している。民間造船業の基盤の衰退は、海上警備力や防衛力の劣化に直結しかねない。

尖閣諸島周辺への中国の進出や台湾情勢など、東アジアの安全保障が置かれた状況を考えれば、艦艇の機動力を使った防衛も重要な戦略の一つになるのは言うまでもない。その防衛力を担うイージス艦やヘリコプター搭載護衛艦（ＤＤＨ）を建造しているのは、民間企業だ。

造船業について経済安全保障の視点で言えば、環境規制を強化して、中国造船業の力を落とすと同時に、海洋進出を阻むことも視野に入れるべきだ。民間船を装った中国には老朽船が多いと言われるので、規制を強化して封じ込めることも可能になるだろう。国連の専門組織を使って自国に利益誘導している中国の戦略を逆手に取る発想だ。もっと日本はこうしたしたたかな戦略を用いるべきだが、官も民も苦手だ。内向き過ぎる。

将来の有望なエネルギーと言われる水素を運ぶ船舶の安全基準はまだ正式に定まっておらず、これからＩＭＯで決めていくと見られる。これから水素は、「作る」「運ぶ」「貯める」の観点から、規制緩和や規制の新設など新たなルール形成の場ができていくだろう。このルール形成で日本はもっと影響力を行使し、日本の企業が有利な展開になるように、官民で連携して動いていくべきだ。

経済安全保障で中国にプレッシャーを

「軍民融合」の力によって先端科学技術力を進化させることはできても、「ESG」への対応に関して中国は日本以上に遅れている。エネルギーは石炭火力に頼っているので都市部は空気が悪い。ウイグルでは人権を弾圧している。こうした観点から中国にプレッシャーをかけていくことも経済安全保障の視点では重要になる。

食品大手のカゴメはウイグル産のトマトペーストの利用を停止することを決めたほか、スウェーデンの衣料大手、H&Mはウイグル産の綿花の利用をやめる方針を示している。台湾有事など今後想定されるリスク案件を踏まえて、重要物資を手の内化しておく発想も重要になる。21年3月14日、一般社団法人「電池サプライチェーン協議会」の設立総会が開かれた。電気自動車（EV）などに使う車載電池を安定的に生産・供給するために官民挙げた取り組みを推進するのが狙いだ。

同協議会にはGSユアサ、トヨタ自動車とパナソニックの合弁会社であるプライムプラネットエナジー&ソリューションズのほか、原材料を扱う住友金属鉱山などが参加する。電池の原材料や電池本体について、調達や供給を安定的かつ効率的に進める体制を整える。

最近、この電池をめぐる報道が目立つ。日本経済新聞は1面連載「第4の革命 カーボンゼロ」の3月2日付朝刊で掲載の「蓄電池、脱中国の攻防 安保握る戦略物質に」と題する記事で、電池や素材の供給で中国依存を高めることは、経済安全保障戦略に影響すると指摘している。

中国西部のチャルハン湖で採掘されるレアメタルのリチウムが世界生産量の1割を占めるまでに拡大したことや、リチウムイオン電池自体の生産で中国が世界の7割のシェアを取っていることを記事では触れている。

こうした状態を受け、米バイデン大統領は就任早々、重要部材4品目のサプライチェーンを見直す大統領令に署名し、中国依存からの脱却を目指す方向性を示した。その4品目とは、半導体、高容量電池、医薬品、レアアースを含む重要鉱物だ。100日以内に供給網を見直すように指示した。

半導体については世界で争奪戦が起こっており、自動車業界もその影響を受けて減産を強いられている。この半導体については「台湾リスク」を懸念する声も出始めている。台湾には半導体産業が集積し、世界最大の製造受託企業ＴＳＭＣ社などがある。

バイデン政権が国際情勢で最も注視するのが、中国の台湾政策だ。２０２２年の北京冬季五輪後に中国が台湾に対し強硬手段に出る可能性があるとの見方が、専門家の中で出始めている。かつてロシアがソチ五輪直後にクリミア半島に侵攻した事例もある。オリンピック前に領土紛争を起こすと、参加ボイコットを招くため、オリンピックまでは「爪」を隠しておくのだろう。

中国が台湾を攻める場合、周辺の尖閣諸島に影響が及ぶのは必至だ。その際、米軍の出方を占うために、盛んにいま、尖閣諸島に海警局の船を出して様子をうかがっていると見られる。

バイデン氏はインド太平洋調整官というポストを新設した。そこに知日派でオバマ政権ではアジア担当の国務次官補だったカート・キャンベル氏を起用したのも、台湾有事を想定してのことだろう。

もし、台湾で有事が起こった場合、日米安保上、自衛隊の出動が米国から求められ、かつ産業面では半導体の供給で大きな打撃をくらう可能性がある。企業においては、台湾や台湾系企業からの半導体調達が止まった場合、対応策としてどのようなシナリオがあるのか想定しておく必要がある。

車載電池でもこれから世界がEVシフトしていけば電池やその材料で争奪戦が起こるだろう。いま車載電池では、1位が中国のCATL、2位が韓国のLG化学、3位がパナソニックだ。ドイツ勢はリスク分散のために欧州域内、中国、韓国からの調達を進めている。日本も当面の策としては、中国、韓国、自国の3系列で、電池の供給網を獲得する戦略が有望ではないか。

ただ、日本の場合は、電池メーカーが多すぎる課題もある。たとえば、ホンダとGSユアサの合弁のブルーエナジー、三菱自動車とGSユアサの合弁のリチウムエナジージャパン、東芝の車載電池部門に加えて、トヨタとパナソニックの合弁会社などが存在する。

電池も半導体や液晶のように、規模がモノをいう世界だ。国内では2社程度に集約して研究開発、生産の両面で政府の資金を入れたり、加速度償却を認めたりして設備の更新を早めさせたりする国家戦略が重要になるだろう。

そうしなければ、競争力を失った半導体や液晶の二の舞になってしまう。そこに加えて経済安全保障の観点からのリスク分散も重要になる。

中国が打ち出した新たな法律や規制

2つの強国による「米中経済戦争」の激化はこれまでの企業戦略を大きく変える。拙著の最後は、米中の新たな法律や規制に対してどのような対応を取るべきかを考えていきたい。

17年から施行された中国における「インターネット安全法」の立法趣旨は、中国で事業を展開するIT企業などは、中国政府が認めたIT製品しか開発・発売できないというものだ。中国政府が要求した場合は、ソースコードを開示しなければならない。

これを補う形で、18年に「公安機関インターネット安全監督・検査規定」が制定された。この規定のポイントは、インターネットにつながったパソコンなどのコンピューターが5台以上ある事業者に対して中国公安部が次のような対応ができることを定めた。

（1）在中国企業に対して立ち入り・遠隔によるネットワークセキュリティ検査
（2）企業への事前通知なしの遠隔検査
（3）脆弱性チェックのための事前通知なしのペネトレーションテスティング（システム

への侵入テスト）

（4）立ち入り検査中のセキュリティ対応のログ保存

（5）立ち入り検査および遠隔検査時に見つけた全てのユーザー情報のコピー

（6）収集したすべての情報について他の国家機関と情報共有

（7）検査執行のために中国人民武装警察部隊から2人を同行する

こうした規定を見る限り、中国でＩＴ関連の事業をしていれば、それは日系企業であっても中国政府の意向次第で丸裸にされてしまうということだ。たとえば、バイドゥが計画しているＡＩの「アポロ計画」や、第2首都と位置付けられ、北京に近い河北省に建設中のスマートシティ「雄安新区」の計画に参入すれば、中国政府に情報が筒抜けになるリスクがあると見ていいだろう。

トヨタが「雄安新区」プロジェクトに中国側からしきりに誘われ、内山田会長が自ら視察したにもかかわらず、参加していないのは、このインターネット安全法を警戒しているからではないかとの見方もある。一方でホンダは参画している。

さらに中国政府は「安可目録」と呼ばれる調達規制の運用も開始した。中国政府が安全と認めるＩＴ製品しか国内流通を認めないというもので、主な5条件は次の通りだ。

（1）外資比率20％以下でも社長と配偶者は中国籍を持つこと
（2）中国で3年以上の販売実績を持つこと
（3）中国で生産していること
（4）中国でデザイン・設計していること
（5）アフターサービスができること

これは事実上の外資締め出しとも受け止められており、日本企業ではコピー機メーカーに大きな影響を及ぼし始めているという。習近平国家主席は、米国との対立激化を受けて、国内需要主導の経済成長モデルにシフトしており、外資頼みの経済成長から脱却するための戦略の一環と見られる。

中国がこうして規制を強化している以上、「アポロ計画」に参画している日本企業は撤退を視野に入れるべきかもしれない。ただ、そうなると中国での自動運転やコネクテッドの事業で出遅れる可能性も否定できない。

中国国家情報法と香港国家安全維持法

次に同じく17年から施行された「中国国家情報法」についてだ。この法律のポイントは、中国国籍を持つ者や中国資本の企業に対して、海外などにおいて情報収集（諜報活動）の義務を課したことだ。率直な言い方をすれば、海外にいる中国人に対して、中国政府はスパイ活動を命じることができるという意味だ。

米国政府が、米国の大学に来る中国人留学生のビザ発給を縮小し始めているのは、この法律によって中国人留学生が「スパイ」になってしまうリスクがあるからだろう。この流れから中国と関係する産学連携も規制対象にしていく計画で、同盟国にも今後、同調を求めてくるだろう。

そして現在、中国においてＩＴ関連以外に新たな規制・法律が検討されていると言われているのが「会計制度」についてだ。一例をあげると、中国で事業を展開する企業は、デジタル人民元を使った決算資料の作成や、「中国版ＳＡＰ」と呼ばれる中国製の会計ソフトの導入を求められる可能性があるという。中国政府は、中国で活動する企業の信用力をデジタルで可視化していく狙いがあるようだ。

15年に施行し、これまで適用除外とされてきた香港にも適用されることになり、世界的なニュースとなった「香港国家安全維持法」は、治安維持を目的としている。ターゲットは、民主化を推進する活動家らに置かれており、日本企業の活動に大きな影響はないと見られる。ただ、米国は香港に適用したことに激しい不快感を示しており、これが米中関係をさらに悪化させる要因となった。

香港ドルは、「ドルペッグ制」によって通貨として国際的信用を得ている。「ドルペッグ制」とは、香港が保有している米ドル分だけしか香港ドルを発行できない制度で、米ドルの国際的な信用を担保にした仕組みだ。香港が、ニューヨーク、ロンドンに次ぐ世界第3位の「金融都市」と位置付けられているのは、この「ドルペッグ制」による信頼があるからだ。今後、米国が「ドルペッグ制」を認めず、香港のドル調達を阻止する動きに出る可能性もある。

外資企業にはアジア統括本部などの名称でアジアパシフィック地区のオペレーション統括機能を香港に置くところも多い。しかし、もし「ドルペッグ制」が廃止されれば、多くの企業が香港からの撤退を余儀なくされるだろう。

「セキュリティクリアランス（SC）＝適格審査」と呼ばれる制度

これまで中国の法律や規制について述べてきたが、以降はこれを受けて企業はどう動くべきなのか総論について述べたい。

まず、求められるのが中国事業を「完全分離」して連結決算にしないことが求められるだろう。役員の担当も完全に分離し、米国と中国を一緒に担当している役員は置かない。さらに機能別組織を改める必要性も出てくる。

たとえば、研究開発をグローバルに管理している場合、「R＆D中国」として独立させ、中国事業におけるキャッシュフロー内で完結させるような視点も必要になってくる。

次に経営企画機能の中に、「安全保障委員会」のような組織を立ち上げて、経済と関連する最新の安全保障情報を入手し、経営トップに報告して判断を仰ぐ体制づくりが重要になる。日本企業はリコーが20年7月に情報安全保障管理室を、三菱電機が同10月に経済安全保障統括室をそれぞれ新設した。経済安全保障の分野は多岐にわたっており、経営体制に横串を刺してリスクを最小化する狙いだ。まさに経営企画の仕事と言えるだろう。

米ワシントン事務所などと連携したり、米政府で外交やインテリジェンスにかかわっていた人材をヘッドハントしたり、米シンクタンクと連携したりすることも重要になってくる。

グローバル人事との連携もポイントではないか。グローバル企業は多様な人材を抱えており、こうした海外渉外やインテリジェンス活動が得意な人材もいるので、内部で発掘することができるかもしれない。

海外では「セキュリティクリアランス（SC）＝適格審査」と呼ばれる制度がある。政府の重要情報を扱う場合には、このSCの資格が必要になる。海外の民間企業にはSCを持った社員がおり、こうした社員が政府から重要情報を聞き出す役割を担っている。政府側もSCを持った民間人にしか対応しないようだ。

このSCとは率直にいえば、「身体検査」だ。SCを取得するためには、幼少からの交友関係、飲酒量、喫煙量、異性関係、過去平均5年の貯蓄高、ギャンブルへの興味、親族の経済状況などを自己申告し、それを政府が審査してSCを取得する。公務員でもSCを取得していないと機密情報を扱うことができない。

経済的な苦境や性格的な脇の甘さなどを敵国のスパイに付け込まれて、金銭をもらうなどして国の重要情報を売り渡すリスクを低減させるための制度でもある。国家の機密情報を共有しあっている米国、カナダ、英国、オーストラリア、ニュージーランドのいわゆる「ファイブアイズ」にはSC制度がある。韓国にもあるが、日本は個人情報保護を盾にSC制度が導入できない状況にある。

海外は転職社会なので、かつて公務に携わっていた人材で現在は民間で働いている社員の中にはSCを保有している人材がいるようだ。グローバル人事と連携して社内でこのSCを持っている人を探すことも一つのアイデアではないか。

ある資料によると、経営企画部などが中心となって160項目程度をチェックすれば、米国の安全保障規制をクリアしやすくなり、同時に中国でのビジネスもしやすくなるという。160項目は大きくオペレーション基盤とバリューチェーン基盤の2つに分けられている。

オペレーション基盤は「M&Aアライアンス」「情報システム」「人事」「総務」「リスク管理」「ガバナンス」に、バリューチェーン基盤は「既存製品」「R&D」「サプライチェーン」「購買」「製造」「物流」「営業」「メンテナンス」に、それぞれ細分化されている。

たとえば、「人事」では、米中をまたぐ事業では研究開発において国籍を考慮した人事異動計画をしているかなどがチェック項目になる。「製造」では、中国以外の拠点で中国国籍の社員が働く現場を把握しているか、などだ。

「国防は経済を優先する」米国の最新動向

米国は、中国の新たな法律や規制に対して徹底反発しており、たとえ技術的な後退を招いたとしても、中国のハイテク企業を米国から締め出す確固たる方針を示している。そうした動きも十分に踏まえておく必要がある。

その象徴的な行為が、「国防権限法2019」によって、2020年8月13日から中国のハイテク企業5社（通信や監視カメラ大手のファーウェイ、ZTE、ハイテラ、ハイクビジョン、ダーファ）の通信機器やサービスを利用している企業と米国政府機関との取引が禁止され、その対象は、政府と直接契約している企業だけではなく、サプライチェーンにおける「ティア3」までにも及ぶ。

米政府やその関連組織と直接取引している日本企業や、そうした日本企業と取引して米国政府と間接的につながる日本の会社も対象となり、中国ハイテク5社はサプライチェーンから排除しなければならない。NTTドコモが今後、ファーウェイ製のスマートフォンを新規で発売しないことを発表したのは、こうした流れを受けてのことだ。

「国防は経済を優先する」というのが米国社会の主流の考え方になっている。このため、米国と中国の両市場を重要視する企業は、対中国を意識した米国の法律・規制の構造も大枠を把握していく必要がある。

政府関係者によると、米国家経済会議（NEC）は、新しい技術を多く導入している日本の自動車産業は、国防産業と同等の情報管理が求められるとの見解を示したという。

米国では国防権限法に関連する安全保障規制には、投資、輸出管理、情報保全の3つの視点から次のような5つの法律・規制がある。投資については「外国投資リスク審査現代化法（FIRRMA）」で、海外から米国内への投資を規制している。

輸出管理については「輸出管理改革法（ECRA）」で、米国からの先端・基盤技術輸出について縛り、「輸出管理規則（EAR）」で軍事に転換できるデュアルユースの製品、部品、技術の輸出を規制し、「武器国際取引に関する規制（ITAR）」よって武器輸出を制限している。

情報保全については、「NIST SP800-171」と呼ばれる商務省傘下の米国国立標準技術研究所が定めたサイバーセキュリティの技術規格の導入推進だ。米国防総省と取引がある企業はこの「NIST　SP800-171」の導入を義務付けており、いずれ重要情報を扱う自動車産業も米国では導入を迫られるだろう。現在、トヨタ自動車が「NIST SP800-171」の導入に向けて急いでいるとの情報もある。

「NIST SP800-171」は、日本では「ISO27103」と同じものと理解されているが、実は全く違う内容のものだ。NISTは、導入すべき細かい技術仕様まで定めているが、ISOはあくまでフレームワークを示しているに過ぎない点を注意すべきだろう。こうした米国の規制から、より厳格な情報管理を求められるようになった分野が次の14技術だ。

（1）バイオテクノロジー（遺伝子工学など）
（2）人工知能などの機械学習（音声認識やAIクラウドなどの技術）
（3）測位技術
（4）マイクロプロセッサー技術
（5）先端コンピューター技術
（6）データ分析技術（自動分析アルゴリズムなど）

（7）量子情報・量子センシング技術（量子暗号化など）
（8）輸送技術（移動式電力など）
（9）付加価値製造技術（3Dプリンターなど）
（10）ロボット工学
（11）脳コンピューターインターフェイス
（12）極超音速技術（飛行制御アルゴリズムなど）
（13）先端材料技術（機能性繊維製品など）
（14）先進監視技術（顔認証や声紋認証など）

特に、米国の知的財産を利用している場合に厳しくチェックされる。たとえば、米国の研究機関や企業と共同開発した技術、米政府の補助金が開発に使われた技術などのケースだ。

「米中経済戦争」が激化し、両国の法律や規制が変化していく中で、安全保障に関する情報収集は今後、グローバル企業の競争力に大きな影響を与える。「安全保障は政治の話」と位置付け、高みの見物をするのではなく、自社の成長戦略に大きな影響を与えるホットイシューであることを、経営者は肝に銘じておくべきだろう。

あとがき

筆者は、自動車産業を主に取材領域とする経済ジャーナリストであるのに、なぜ、米中の安全保障に関係する本を書いたのか。

その理由は簡単だ。新車市場は中国が世界1位、米国が第2位で、この2国の景気や政策によって日本の自動車産業は大きな影響を受けるからだ。米中の政治や経済動向には記者として敏感にならざるを得なかった。

その米中の衝突が激しくなり始めたのだから、自動車産業に影響が出ないはずはないと思ったのが2017年だった。米国でトランプ政権ができた直後で、ちょうどその頃、『自動車会社が消える日』（文春新書）を書くために多方面を取材してそう感じた。

18年に入ると、米国防総省が取引のある企業に対して情報管理のセキュリティ強化を命じ、装備品の共同開発をしている日本企業も例外ではなく、その流れがいずれ自動車産業に及びそうなことを知った。

時を同じくして「自動車産業は100年に一度の変革期」と言われ始めた。その本質は、

ＥＶシフトだけではなく、クルマの「スマートフォン化」にあった。

「スマホ化」とは、クルマのソフトウエアを無線技術でアップデイトして常に最新の技術を入れて性能を向上させることだ。スマホの基本ソフト（ＯＳ）が更新されると、新しい機能が使えるようになるのと同じイメージだ。

これだと車体は陳腐化しても中身は最新に保てる。米国のＥＶメーカー、テスラはそのダウンロードに課金して収益を得る。そうなると、クルマは今以上にソフトウエアの塊となりビジネスモデルや産業構造が大きく変化する。

こうした中で中国の検索大手のバイドゥ（百度）やスマホのシャオミ（小米）などから自動運転やＥＶの分野に続々と新規参入が始まった。米国でもアップルが自動車産業への本格的参入を狙うように、こうした分野はＩＴ企業と相性がいい。中国人技術者がアップルの自動運転の技術を盗んだとして立て続けにＦＢＩに逮捕された。いずれも出国直前だった。米中の技術摩擦が激しさを増していることの証だと受け止めた。

米国が中国を警戒するのはよくわかった。コロナ禍になる前の19年まではよく中国や米国に出向いていた。中国ではよく、深センで開催されるロボットや工作機械の展示会を見に行って、その発想力と技術力の進化には驚くことばかりだった。

深センの街中を歩いても、タクシーとバスはほとんどEVだった。急速充電器が1カ所に400基ほど集中して配備されているような充電基地もあった。子どものお土産を買おうと、おもちゃ屋さんをのぞくと、「空飛ぶクルマ」を売っていた。ドローンとラジコンカーが融合したようなもので、まだ日本では見たことがない。実によくできていて大人でも遊ぶのが面白い。

色々と取材するうちにこの技術摩擦は、単なる「摩擦」ではなく、「経済戦争」に近いものだと感じた。特に2020年に入り、新型コロナの世界的な蔓延によって、あらゆる価値観が変わり始め、それが世界秩序にも及び始めたことを感じるようになった。その象徴が、中国政府による香港への対応だった。この情勢なら香港の次は台湾がターゲットになると思い始めた。

そんな思いを秘めながら近いうちに書籍化したいと思っていたところに、時折、出演させていただく読売テレビの名物番組『そこまで言って委員会NP』の結城豊弘プロデューサーから「井上さん、紹介したい人がいるから」と言われ、出会ったのがビジネス社書籍編集部部長の中澤直樹さんだった。とんとん拍子に企画が通ったものの、私の原稿の方がなかなか完成せずに、あわや予定日に発行ができなくなるような状態になってしまい、大変ご迷惑をおかけしてしまった。
また、本書執筆にあたり、様々な人に様々なご協力をいただいた。名前が出せない人も多い。最後にこの場を借りて改めて御礼申し上げる。

井上久男

参考文献（順不同、敬称略）

- 『エコノミック・ステイトクラフト　経済安全保障の戦い』（國分俊史著　日本経済新聞出版）
- 『技術覇権　米中激突の深層』（宮本雄二　伊集院敦　日本経済研究センター編著　日本経済新聞出版）
- 『目に見えぬ侵略　中国のオーストラリア支配計画』（クライブ・ハミルトン著　飛鳥新社）
- 『見えない手　中国共産党は世界をどう作り変えるか』（クライブ・ハミルトン　マレイケ・オールバーグ著　飛鳥新社）
- 『「目に見えぬ侵略」「見えない手」副読本』（月刊Hanada編集部著　飛鳥新社）
- 『冷戦下CIAのインテリジェンス　トルーマン政権の戦略策定過程』（大野直樹著　ミネルヴァ書房）
- 『競争戦略としてのグローバルルール』（藤井敏彦著　東洋経済新報社）
- 『世界市場で勝つルールメイキング戦略　技術で勝る日本企業がなぜ負けるのか』（國分俊史、福田峰之、角南篤編著　朝日新聞出版）
- 『超限戦　21世紀の「新しい戦争」』（喬良　王湘穂著　角川新書）
- 『経済安全保障リスク　米中対立が突き付けたビジネスの課題』（平井宏治著　育鵬社）
- 『THE PIVOT アメリカのアジア・シフト』（カート・M・キャンベル著　日本経済新聞出版）
- 『疫病2020』（門田隆将著　産経新聞出版）
- 『国際機関で見た「世界のエリート」の正体』（赤阪清隆著　中公新書ラクレ）
- 『自動車会社が消える日』（井上久男著　文春新書）
- 『日産vs.ゴーン　支配と暗闘の20年』（井上久男著　文春新書）

筆者がこれまでに書いた一部記事を加筆修正して引用しました。このほかにも日本経済新聞、読売新聞、朝日新聞、産経新聞などの新聞記事や各種雑誌記事、インターネット上の記事も参照、引用しました。弁護士事務所などのホームページから専門情報を引用しました。多摩大学ルール形成戦略研究所が公表している資料も参照、引用しました。

【著者略歴】
井上久男（いのうえ・ひさお）
1964年生まれ。九州大学卒。NECを経て朝日新聞社に入社、名古屋、東京、大阪の経済部で自動車や電機などを担当。04年に退社してフリーの経済ジャーナリストに。トヨタや日産、ホンダ、日本電産などグローバル製造業の取材に力を入れ、文藝春秋社や講談社、ヤフーなどが発行する各種媒体で執筆する。05年大阪市立大学大学院創造都市研究科修士課程（ベンチャー論）修了、10年同大学院博士課程単位取得退学。現在、福岡県豊前市の政策アドバイザーを務める。
主な著書に『日産vs.ゴーン　支配と暗闘の20年』『自動車会社が消える日』（以上、文春新書）がある。

サイバースパイが日本を破壊する

2021年6月1日　第1刷発行

著　者　井上久男
発行者　唐津　隆
発行所　株式会社ビジネス社
〒162－0805　東京都新宿区矢来町114番地
神楽坂高橋ビル5F
電話　03－5227－1602　FAX 03－5227－1603
URL　http://www.business-sha.co.jp/

〈装幀〉大谷昌稔
〈本文組版〉茂呂田剛（エムアンドケイ）
〈印刷・製本〉モリモト印刷株式会社
〈営業担当〉山口健志
〈編集担当〉中澤直樹

ISBN978-4-8284-2284-8